（宋）蘇軾 撰

明成化本東坡七集

第三册

國家圖書館出版社

第三册目録

東坡集四十卷（卷第四—八）

卷第四……一
詩八十八首……一
秋懷二首……一
哭歐公僧惠思示小詩次韻……二
梵天寺僧守詮小詩次韻……二
和陳述古拒霜花……二
和沈立之留别二首……三
次韻孔文仲推官見贈……三
湯村開運鹽河雨中督役……四
宿水陸寺寄清順僧二首……五
客位假寐……六
鹽官部役戲呈同事……六
賀朱壽昌郎中得母所在……七
將之湖州戲贈莘老……七
鴉種麥行……八
鹽官絶句四首……九
南寺千佛閣……九
北寺悟空禪師塔……九
塔前古檜……九
僧爽白雞……一〇
送張軒民寺丞赴省試……一〇
六和寺沖師閘山溪爲水軒……一〇
和致仕張郎中春書……一一
冬至日獨游吉祥寺……一一

後十餘日復至……一二
戲贈……一二
和人求筆迹……一二
再用前韻寄莘老……一三
畫魚歌……一三
吴中田婦歎……一四
戲贈賈收秀才三首……一五
游道場山何山……一六
贈莘老七絶……一六
天慶觀園亭道士乞名與詩……一八
至秀州贈錢端公安道……一八
報本禪院文長老方丈……一九
王復秀才所居雙檜二首……二〇
宋叔達家聽琵琶……二〇
元日次韻張子野見和七夕……二一
雜興答鮮于子駿……二一
次韻答章傳見贈……二二
法惠寺横翠閣……二三
祥符寺九曲觀燈……二四
上元過祥符僧房無燈火……二四
病後述古邀往城外尋春……二五
用前韻求述古移厨……二五
飲湖上初晴後雨二首……二六
李節推留風水洞見待……二六
風水洞二首和李節推……二七
獨游富陽普照寺……二七
自普照游二庵……二八
妙庭觀發地得丹鼎二首……二八
新城道中二首……二九
山村五絶……三〇
湖上夜歸……三一
寒食未明至湖上……三一
次韻孫莘老見贈……三二
贈别……三二

次韻代留別……三三
月兔茶……三三
薄命佳人……三三
吉祥花將落述古不至……三四
述古明日即來復用前韻……三四
李鈐轄坐上分題戴花……三四
於潛令刁同年野翁亭……三五
於潛女……三六
自昌化步至治平寺二首……三六
於潛僧緑筠軒……三七
與臨安令宗人同年劇飲……三七
寶山晝睡……三八
卷第五……三九
詩一百三首……三九
僧清順新作垂雲亭……三九
與吕仲甫等同泛湖游北山……四〇
有美堂和周邠見寄二首……四〇
席上代人贈別三首……四一
天目山上不聞雷震……四二
追和子由洛下所寄五首……四二
過廣愛寺三首……四三
韓子華石淙莊……四四
立秋日禱雨宿靈隱寺……四五
獨游净慈答周長官見寄……四五
病中游祖塔院……四六
虎跑泉……四六
佛日山榮長老方丈五絶……四七
癸丑春分後雪……四八
孤山二詠并引……四八
柏堂……四九
竹閣……四九
與述古自有美堂乘月夜歸……五〇
有美堂暴雨……五〇
八月十五日看潮五絶……五〇

東陽水樂亭……五一
游徑山次韻二首……五二
臨安三絶……五三
將軍樹……五三
錦溪……五四
石鏡……五四
登玲瓏山……五四
宿九仙山……五五
陌上花三首并引……五五
游東西巘……五六
宿海會寺……五七
海會寺清心堂……五八
徑山道中次韻答周長官……五八
次韻汪覃秀才見寄……五九
再游徑山……六〇
洞霄宫……六一
述古召飲介亭以病先起……六二
重九亦以病不赴述古會……六二
泛舟至懃師院二首……六二
戲魯少卿……六三
佛舍飲茶戲書……六四
湖上尋周李二君不見……六四
送杜陳三椽罷官歸鄉……六五
次韻周長官同餞魯少卿……六五
次韻述古過周長官夜飲……六六
述古以詩見責屢不赴會……六六
跋李留臺與二餞唱和四絶……六七
答胡穆秀才遺古銅器……六八
賀陳述古弟章生子……六八
贈治易僧智周……六九
張子野年八十五尚聞買妾……六九
書雙竹湛師房二首……七〇
寶山新開徑……七〇
和述古冬日牡丹四首……七一

和錢安道寄惠建茶……七二
和柳子玉喜雪……七三
弔天竺海月辯師三首……七三
答李頎秀才以畫山見寄……七四
雪後至臨平見陳尉列……七五
夜至永樂文長老院……七五
柳氏二外生求筆迹二首……七六
錢安道席上令歌者道服……七六
除夜野宿常州城外二首……七七
元日過丹陽寄魯元翰……七七
古纏頭曲……七八
刁同年草堂……七八
登惠山絶頂望太湖……七九
戲錢道人兩絶……七九
和王蘇州侍太夫人觀燈二首……八〇
成都進士杜暹出家……八一
卷第六……八三
詩九十九首……八三
虎丘寺……八三
常潤道中有懷錢塘五首……八四
次韻刁景純賞瑞香花……八五
同柳子玉游鶴林招隱……八六
景純見和復次韻贈之二首……八六
柳子玉亦見和因以送之……八七
答子玉家宴用前韻見寄……八七
次韻景純見和二首……八八
書金山寺壁……八八
大風留金山兩日……八九
俞康直所居四詠……九〇
退圃……九〇
逸堂……九〇
遯軒……九〇
遠樓……九一
游鶴林招隱二首……九一

書普慈長老壁……九一
書焦山綸長老壁……九二
刁景純席上和謝生二首……九二
留别金山寶覺圓通二長老……九三
無錫道中賦水車……九三
次韻杭州周令見寄二首……九四
雨中飲酒二首……九五
次韻沈長官三首……九五
戲書吴江三賢畫像三首……九六
和劉孝叔會虎丘二首……九七
過永樂文長老已卒……九七
贈張刁二老……九八
題雲闍梨壁……九八
聽僧昭素琴……九九
僧惠勤初罷僧職……九九
游靈隱高峰塔……一〇〇
天竺山送桂花分贈元素……一〇一
捕蝗二首……一〇一
青牛嶺小寺人迹罕到……一〇二
新城陳氏園次晁補之韻……一〇二
戲毛國華長官……一〇二
與毛令方尉游西菩寺二首……一〇三
聽賢師琴……一〇四
贈寫真何充秀才……一〇四
次韻迥先生三首……一〇五
李行中秀才醉眠亭三首……一〇六
甘露寺彈箏……一〇七
聚遠樓詩三首……一〇七
平山堂次王居卿祠部韻……一〇八
次韻陳海州書懷……一〇九
次韻陳海州乘槎亭……一〇九
次韻孫職方蒼梧山……一〇九
次韻孫巨源見寄五絶……一一〇
王莽……一一一

董卓……一一一
虎兒……一一二
除夜病中贈段屯田……一一二
次韻答喬太博見和……一一三
二人再和亦再答之……一一四
雪後書北臺壁二首……一一五
謝人見和前篇二首……一一六
鐵溝行贈喬太博……一一七
送客不及步至溪上二首……一一七
蘇州姚氏三瑞堂……一一八
莫笑銀杯小答喬太博……一一九
送段屯田分得于字……一一九
和段屯田荆林館……一二〇
贈上天竺辯才師……一二〇
游盧山次韻章傳道……一二一
盧山五詠……一二一
　盧敖洞……一二一
　飲酒臺……一二二
　聖燈巖……一二二
　三泉……一二二
　障日峰……一二二
卷第七……一二五
　詩八十三首……一二五
次韻章傳道喜雨……一二五
謝郡人田賀二生獻花……一二六
惜花……一二七
和頓教授見寄……一二八
和子由四首……一二九
韓太祝送游太山……一二九
送春……一二九
首夏官舍即事……一三〇
送李供備席上和李詩……一三〇
西齋……一三〇
小兒……一三一

寄劉孝叔……一三一
孔長源挽詞二首……一三三
寄吕穆仲寺丞……一三四
余主簿母挽詞……一三四
送趙寺丞寄陳海州……一三五
答陳述古二首……一三五
張安道樂全堂……一三六
張文裕挽詞……一三六
懷西湖寄晁美叔同年……一三七
和梅户曹會獵鐵溝……一三八
祭常山迴小獵……一三八
和章七出守湖州二首……一三八
和張子野見寄三絶句……一三九
和蔣夔寄茶……一四〇
答李邦直……一四一
和文與可洋川園池三十首……一四二
湖橋……一四二
横湖……一四二
書軒……一四三
冰池……一四三
竹塢……一四三
荻浦……一四四
蓼嶼……一四四
望雲樓……一四四
天漢臺……一四五
待月臺……一四五
二樂榭……一四五
瀛泉亭……一四五
吏隱亭……一四六
霜筠亭……一四六
無言亭……一四六
露香亭……一四七
函虛亭……一四七
溪光亭……一四七

過溪亭……一四八
被錦亭……一四八
禊亭……一四八
菡萏亭……一四八
荼蘼洞……一四九
篔簹谷……一四九
寒蘆港……一四九
野人廬……一五〇
此君庵……一五〇
金橙徑……一五〇
南園……一五一
北園……一五一
寄題刁景純藏春塢……一五一
玉盤盂二首并序……一五二
和潞公超然臺次韻……一五三
聞喬太博換左藏知欽州……一五三
戲喬太博飲客……一五四
次韻劉貢父李公擇見寄二首……一五四
寄黎眉州……一五五
和趙郎中捕蝗見寄……一五五
登常山絶頂廣麗亭……一五六
薄薄酒二首并序……一五七
同年王中甫挽詞……一五八
七月五日二首……一五九
復答趙郎中見和……一六〇
次韻周邠寄鴈蕩山圖二首……一六〇
送碧香酒與趙明叔教授……一六一
趙既見和復次韻答之……一六二
趙往莒縣還復以一壺遺之……一六二
蘇潛聖挽詞……一六三
卷第八……一六五
詩七十二首……一六五
和晁同年九日見寄……一六五
送喬施州……一六五

夜雪獨宿柏仙庵……一六六
和孔郎中荆林馬上見寄……一六六
留别雩泉……一六七
留别釋迦院牡丹呈趙倅……一六七
留詩董儲郎中故居……一六七
次韻劉貢父見戲……一六八
除夜大雪元日早晴遂行……一六八
大雪懷東武園亭寄孔周翰……一六九
次韻李公擇以詩相迎二首……一七〇
和孔君亮郎中見贈……一七一
送范景仁游洛中……一七一
次韻景仁留别……一七二
書韓幹牧馬圖……一七三
送魯元翰少卿知衛州……一七四
次韻送蔣夔赴代州學官……一七五
和李邦直沂山祈雨有應……一七五
宿州次韻劉涇……一七六
和孔密州五絶……一七六
見邸家園留題……一七六
春步西園見寄……一七七
東欄梨花……一七七
和流杯石上草書小詩……一七七
堂後白牡丹……一七八
和趙郎中見戲二首……一七八
和子由游百步洪……一七九
次韻李邦直感舊……一七九
與梁先舒焕泛舟二首……一八〇
次韻答邦直子由四首……一八〇
司馬君實獨樂園……一八二
送顔復兼寄王鞏……一八二
蠍虎……一八三
宿逍遥堂追感前約二首……一八四
和子由會宿兩絶……一八五
留題石經院三首……一八六

過雲龍山人張天驥……一八七
贈王仲素寺丞……一八八
陽關詞三首……一八八
贈張繼愿……一八九
答李公擇……一八九
中秋月……一八九
和孔周翰二絶……一八九
再觀邸園留題……一九〇
觀淨觀堂……一九〇
京師哭任遵聖……一九〇
答任師中家漢公……一九一
初别子由……一九三
次韻吕梁仲屯田……一九四
章質夫寄惠崔徽真……一九五
次韻答王鞏見寄……一九五
雨中送李邦直赴史館二首……一九六
代書答梁先……一九七
次韻仲屯田見寄……一九八
河復并叙……一九八
韓幹馬十四匹……二〇〇
次韻吴正字王户曹二首……二〇一
贈寫御容妙善師……二〇二
哭刁景純……二〇三
答吕梁仲屯田……二〇四
張寺丞益齋……二〇五
答孔周翰求書與詩……二〇六
送李公恕赴闕……二〇七

東坡集卷第四

詩八十八首

秋懷二首

苦熱念西風常恐來無時及兹遂淒凜又作徂年悲
蟋蟀鳴我牀黄葉投我帷窗前有棲鵩夜嘯如狐狸
露冷梧葉脫孤眠無安枝熠燿亦求偶高屋飛相追
定知無幾見迫此清霜期物化逝不留我興為嗟咨
便當勤秉燭為樂戒暮遲

海風東南來吹盡三日雨空堦有餘滴似與幽人語
念我平生歡寂寞守環堵壺漿慰作勞裹飯救寒苦

今年秋應熟過從飽雞黍嗟我獨何求萬里涉江浦
居貧豈無食自不安畎畝念此坐達晨殘燈翳復吐

哭歐公孤山僧惠思示小詩次韻

故人已為土衰鬢亦驚秋猶喜孤山下相逢説舊游

梵天寺見僧守詮小詩清婉可愛次韻

但聞煙外鍾不見煙中寺幽人行未已草露濕芒屨
惟應山頭月夜夜照來去

和陳述古拒霜花

千林掃作一番黄只有芙蓉獨自芳喚作拒霜知未
稱細思却是最宜霜

和沈立之留别二首

而今父老千行淚，一似當時初去時。不用鐫碑頌遺愛，丈人清德畏人知。

卧聞鐃鼓送歸艎，夢裏忩忩共一觴。試問别來愁幾許，春江萬斛若爲量。去時予在試院

次韻孔文仲推官見贈

我本麋麃性，諒非伏轅姿。君如汗血馬，作駒已權奇。齊驅大道中，並帶鑾鑣馳。聞聲自決驟，那復受縶維。謂君朝發燕，秣楚日未欹。云何中道止，連蹇驢騾隨。金鞍冒翠錦，玉勒垂青絲。旁觀信美矣，自揣良厭之。

均為人所勞何必陋鹽輜君看立仗色不敢鳴且窺
調習困鞭箠僅存骨與皮人生各有志此論我久持
他人聞定笑聊與吾子期空齋旰積雨病骨煩撑支
秋草上垣墻霜葉鳴堦墀門前自無客敢作揚雄魔
候吏報君來弭節江之湄一對高人談稍忘俗吏卑
今朝枉詩句粲如鳳來儀上山絶梯磴墮海迷津涯
憐我枯槁質借潤生華滋肯效世俗人洗刮求瘢痍
賢明日登用清廟歌緝熙胡不學長卿預作封禪詞
湯村開運鹽河雨中督役
居官不任事蕭散羨長卿胡不歸去來滯留愧淵明

鹽事星火急誰能卹農耕薨薨曉鼓動萬指羅溝坑天雨助官政泫然淋衣纓人如鴨與豬投泥相濺驚下馬荒堤上四顧但湖泓線路不容足又與牛羊爭歸田雖賤辱豈失泥中行寄語故山友慎毋厭藜羹

是日宿水陸寺寄北山清順僧二首

草沒河堤雨暗村寺藏脩竹不知門拾薪煮藥憐僧病掃地燒香淨客魂農事未休侵小雪佛燈初上報黃昏年來漸識幽居味思與高人對榻論

長嫌鍾鼓聒湖山此境蕭條却自然乞食遶村真為飽無言對客本非禪披榛覓路衝泥入洗足關門聽

雨眠遥想後身窮賈島夜寒應聳作詩肩

客位假寐

謁入不得去兀坐如枯株豈惟主忘客今我亦忘吾同僚不解事愠色見髯蘇雖無性命憂且復忍須臾

鹽官部役戲呈同事兼寄述古

新月照水水欲冰夜霜穿屋衣生稜野廬半與牛羊共曉鼓却随鴉鵲興夜來履破裘穿縫紅頰曲眉應入夢千夫在野口如林豈不懐歸畏嘲弄我州賢將知人勞已釀白酒買豚羔耐寒努力歸不遠兩脚凍硬公須軟

朱壽昌郎中少不知母所在刺血寫經求之五十年去歲得之蜀中以詩賀之

嗟君七歲知念母憐君壯大心愈苦羨君臨老得相逢喜極無言淚如雨不羨白衣作三公不愛白日昇青天愛君五十著綵服兒啼却得償當年烹龍為炙玉為酒鶴髮初生千萬壽金花詔書錦作囊白藤肩輿簾蹙繡感君離合我酸辛此事今無古或聞長陵朅來見大姊仲孺豈意逢將軍開皇苦挑空記面建中天子終不見西河郡守誰復譏潁谷封人羞自薦

將之湖州戲贈莘老

餘杭自是山水窟久聞吴興更清絶湖中橘林新著
霜溪上茗花正浮雪顧渚茶牙白於齒梅溪木瓜紅
勝頰吴兒鱠縷薄欲飛未去先説饞涎垂亦知謝公
到郡久應怪杜牧尋春遲鬢絲只好對禪榻湖亭不
用張水嬉

鴉種麥行

霜林老鴉閑無用畦東拾麥畦西種畦西種得青猗
猗畦東已作牛毛稀明年麥熟芒攢槊農夫未食鴉
先啄徐行俛仰若自矜鼓翅跳跟上牛角憶昔舜耕
歷山鳥為耘如今老鴉種麥更辛懃農夫羅拜鴉飛

起勸農使者來行水

鹽官絕句四首

南寺千佛閣

古邑居民半海濤師來構築便能高千金用盡身無事坐看香煙遶白毫

北寺悟空禪師塔名齊安宣宗微時師知其非凡人

已將世界等微塵空裏浮花夢裏身豈為龍顏更分別只應天眼識天人

塔前古檜

當年雙檜是雙童相對無言老更恭庭雪到腰埋不

死如今化作兩蒼龍

僧爽白雞養二十餘年常立坐側聽經

斷尾雄雞本畏烹年來聽法伴修行還須却置蓮花
漏老怯風霜恐不鳴

送張軒民寺丞赴省試

龍飛甲子盡豪英常喜吾猶及老成人競春蘭笑秋
菊天教明月伴長庚傳家各自聞詩禮與子相逢亦
弟兄洗眼上林看躍馬賀詩先到古宣城伯父與太平州張侍
讀同年此其子

六和寺沖師閘山溪為水軒

欲放清溪自在流忍教氷雪落沙洲出山定被江潮涴能爲山僧更少留

和致仕張郎中春書

投綬歸來萬事輕消磨未盡秪風情舊因蓴菜求長假新爲楊枝作短行不禱自安緣壽骨苦藏難沒是詩名淺斟盃酒紅生頰細琢歌詞穩稱聲蝸殼卜居心自放蠅頭寫字眼能明盛衰閲過君應笑寵辱年來我亦平跪履數從圯下老逸書閑問濟南生東風屈指無多日秪恐先春鶗鴂鳴

冬至日獨遊吉祥寺

井底微陽回未回蕭蕭寒雨濕枯荄何人更似蘇夫子不是花時肯獨來

後十餘日復至

東君意淺著寒梅千朶深紅未暇裁安得道人殷七七不論時節遣花開

戲贈

惆悵沙河十里春一番花老一番新小樓依舊斜陽裏不見樓中垂手人

和人求筆跡

麥光鋪几淨無瑕入夜青燈照眼花從此剡藤真可

吊半紆春蚓綰秋蛇

再用前韻寄莘老

君不見夷甫開三窟不如長康號癡絶癡人自得終天年智士死智罪莫雪困窮誰要卿料理舉頭看山笏拄頰野鳧翅重自不飛黃鶴何事兩翼垂泥中相從豈得久今我不往行恐遲江夏無雙應未去恨無文字相娛嬉黃庭堅莘老婿能文

畫魚歌湖州道中作

天寒水落魚在泥短鉤畫水如耕犂渚蒲披折藻荇亂此意豈復遺鰍鯢偶然信手皆虛擊本不辭勞幾

平萬一一魚中刃百魚驚蝦蟹奔忙誤跳擲漁人養魚如養雛插竿冠笠驚鵜鶘豈知白挺鬧如雨攪水覔魚嗟已踈

吴中田婦歎 和賈收韻

今年粳稻熟苦遲庶見霜風來幾時霜風來時雨如瀉杷頭出菌鎌生衣眼枯淚盡雨不盡忍見黄穗卧青泥茆苫一月壠上宿天晴穫稻隨車歸汗流肩頳載入市價賤乞與如糠粞賣牛納稅拆屋炊慮淺不及明年飢官今要錢不要米西北萬里招羌兒龔黄滿朝人更苦不如却作河伯婦

和邵同年戲贈賈收秀才三首

傾蓋相歡一笑中從來未省馬牛風卜隣尚可容三徑投社終當作兩翁古意已將蘭緝佩招詞閑詠桂生叢此身自斷天休問白髮年來漸不公

朝見新荑出舊槎騷人孤憤苦思家五噫處士太窮約三賦先生多誕夸帳外鶴鳴奩有鏡筒中錢盡桉無鮭玉川何日朝金闕白晝關門守夜义（時賈欲再娶）

生涯到處似檣烏科第無心摘頷鬚黄帽刺船忘歲月白衣擔酒慰鰥孤狙公欺病來分栗水伯知饞為出鱸莫向洞庭歌楚曲煙波渺渺正愁予

遊道場山何山

道場山頂何山麓上徹雲峰下幽谷我從山水窟中
來尚愛此山看不足陂湖行盡白漫漫青山忽作龍
蛇盤山高無風松自響誤認石齒號驚湍山僧不放
山泉出屋底清池照瑤席堦前合抱香入雲月裏仙
人親手植出山回望翠雲鬟碧瓦朱欄縹緲間白水
田頭問行路小溪深處是何山高人讀書夜達旦至
今山鶴鳴夜半我今廢學不歸山山中對酒空三歎

贈莘老七絕

嗟余與子久離群耳冷心灰百不聞若對青山談世

事當須舉白便浮君
天目山前淥浸裾碧瀾堂下看銜艫作堤捍水非吾
事閑送苕溪入太湖
夜來雨洗碧巑岏浪湧雲屯遶郭寒閒有弁山何處
是為君四面意求看
夜橋燈火照溪明欲放扁舟取次行蹔借官奴遣吹
笛明朝新月到三更
三年京國厭藜蒿長羨淮魚壓楚糟今日駱駝橋下
泊恣看脩網出銀刀
烏程霜稻襲人香釀作春風雪水光時復中之徐邈

聖母多酌我次公狂
去年臘日訪孤山曾借僧窗半日閑不為思歸對妻
子道人有約徑須還
華老葺天慶觀小園有亭北向道士山宗
說乞名與詩
春風欲動北風微歸鴈亭邊送鴈歸蜀客南遊家最
遠吴山寒盡雪先晞扁舟去後花絮亂五馬來時賓
從非惟有道人應不忘抱琴無語立斜暉
至秀州贈錢端公安道兼寄其弟惠山山
人

鴛鴦湖邊月如水孤舟夜榜鴛鴦起平明繫纜石橋
亭慚愧冒寒髯御史結交最晚情獨厚論心無數今
有幾寂寞抱關歎蕭生耆老執戟哀楊子怪君顏采
却秀發無乃遷謫反便美天公欲困無奈何世人共
抑真疎矣毗陵高山錫為骨陸子遺味泉冰齒賢哉
仲氏早拂衣占斷此山長洗耳山頭望湖光潑眼山
下濯足波生指黛容逸少問金堂記與嵇康留石髓

秀州報本禪院鄉僧文長老方丈

萬里家山一夢中吴音漸已變兒童每逢蜀叟談終
日便覺峨眉翠掃空師已忘言真有道我除搜句百

無功明年采藥天台去更欲題詩滿浙東

王復秀才所居雙檜二首

吴王池館徧重城閑草幽花不記名青蓋一歸無覓處秪留雙檜待昇平

凜然相對敢相欺直幹凌空未要奇根到九泉無曲處世間惟有蟄龍知

宋叔達家聽琵琶

數絃已品龍香撥半面猶遮鳳尾槽新曲從翻玉連瑣舊聲終愛鬱輪袍夢回只記歸舟字賦罷雙垂紫錦絛何異烏孫送公主碧天無際鴈行高

元日次韻張先子野見和七夕寄莘老之
作
得句牛女夕轉頭參尾中青春先入睡白髮不遺窮
酒社我為敵詩壇子有功縮頭先夏鼈（見王川子）實腹鄙
秋蟲莫唱裙垂綠無人臉斷紅舊交懷賀老新進謝
終童袍鸘雙雙瑞腰犀一一通小蠻知在否試問聶
嚅翁

正月九日有美堂飲醉歸徑睡五鼓方醒
不復能眠起閱文書得鮮于子駿所寄古
意作雜興一首荅之

衆人事紛擾志士獨悄悄何異琵琶絃常遭腰鼓鬧
三杯忘萬慮醒後還皎皎有如轆轤索已脫重縈繞
家人自約敕始慕陳婦孝可憐原臣先放蕩今誰弔
平生嗜羊炙識味肯輕飽烹蛇啖蛙蛤頗訝能稍稍
憂來自不寐起視天漢渺闌干玉繩低耿耿太白曉

次韻荅章傳見贈

並生天地宇同閱古今宙視下則有高無前孰無後
達人千鈞弩一弛難再彀下士沐猴冠已繫猶跳驟
欲將駒過隙坐待石穿溜君看漢唐主宮殿悲麥秀
而況彼區區何異一醉富爰居非所養俯仰眩金奏

髑髏有餘樂不慱南面后嗟我昔少年守道貧非疢
自從出求仕役物恐見圄馬融既依梁班固亦事竇
效顰豈不欲頑質謝鐫鏤仄聞長者言悻直非養壽
唾面慎勿拭出胯當俛就居然成懶廢敢復齒豪右
子如照海珠罔目踈見漏宏材乏近用巧舞困短袖
坐令傾國容臨老見邂逅吾衰信久矣書絕十年舊
門前可羅雀感子煩屢扣顧言歌緇衣子粲予還授

法惠寺横翠閣

朝見吴山横暮見吴山從吴山故多態轉則為君容
幽人起朱閣空洞更無物惟有千步岡東西作簾額

春來故國歸無期人言悲秋春更悲已泛平湖思濯
錦更看橫翠憶峨眉琱欄能得幾時好不獨憑欄人
易老百年興廢更堪哀懸知草莽化池臺遊人尋我
舊遊處但覓吴山橫處來

祥符寺九曲觀燈

紗籠擎燭迎門入銀葉燒香見客邀金鼎轉丹光吐
夜寶珠穿蟻鬧連朝波翻焰裏元相激魚舞湯中不
畏焦明日酒醒空想像清吟半逐夢魂銷

上元過祥符僧可久房蕭然無燈火

門前歌鼓鬭分明一室清風冷欲冰不把琉璃閑照

佛始知無盡本無燈

正月二十一日病後述古邀往城外尋春

屋上山禽苦喚人　檻前冰沼忽生鱗　老來厭逐紅裙
醉　病起空驚白髮新　卧聽使君鳴鼓角　試呼稚子整
冠巾　曲欄幽榭終寒窘　一看郊原浩蕩春

有以官法酒見餉者因用前韻求述古為

移厨飲湖上

喜逢門外白衣人　欲鱠湖中赤玉鱗　遊舫已粧吴榜
穩　舞衫初試越羅新　欲將魚釣追黄帽　未要靴刀抹
絳巾　芳意十分强半在　為君先踏水邊春

飲湖上初晴後雨二首

朝曦迎客豔重岡晚雨留人入醉鄉此意自佳君不會一盃當屬水仙王湖上有水仙王廟

水光瀲灧晴方好山色空濛雨亦奇欲把西湖比西子淡粧濃抹總相宜

往富陽新城李節推先行三日留風水洞見待

春山磔磔鳴春禽此間不可無我吟路長漫漫傍江浦此間不可無君語金鯽池邊不見君追君直過定山村路人皆言君未遠騎馬少年清且婉風巖水穴

舊聞名只隔山溪夜不行溪橋曉溜浮梅萼知君繫
馬巖花落出城三日尚逶遲妻孥怪罵歸何時世上
小兒誇疾走如君相待今安有

風水洞二首和李節推

風轉鳴空穴泉幽瀉石門虚心聞地籟妄意覓桃源
過客詩難好居僧語不繁歸鞍得冰雪清泠慰文園
山前雨水隔壓凡山上仙風舞檜杉細細龍鱗生亂
石團團羊角轉空巖馮夷窟宅非梁棟禦寇車輿謝
轡銜世事漸艱吾欲去永隨二子脫讒讒

獨遊富陽普照寺

富春真古邑此寺亦唐餘鶴老休喬木龍歸護賜書連筒春水遠出谷晚鍾踈欲繼江潮韻何人為起予

自普照遊二庵

長松吟風晚雨細東庵半掩西庵閉山行盡日不逢人浥浥野梅香入袂居僧笑我戀清景自猒山深出無計我雖愛山亦自笑獨往神傷後難繼不如西湖飲美酒紅杏碧桃香覆髻作詩寄謝採薇翁本不避人那避世

富陽妙庭觀董雙成故宅發地得丹鼎覆以銅盤承以瑠璃盆盆既破碎丹亦為人

爭奪持去今獨盤鼎在耳二首
人去山空鶴不歸丹亡鼎在世徒悲可憐九轉功成
後却把飛昇乞内芝
琉璃擊碎走金丹無復神光發舊壇時有世人來舐
鼎欲隨雞犬事劉安

新城道中二首

東風知我欲山行吹斷簷間積雨聲嶺上晴雲披絮
帽樹頭初日挂銅鉦野桃含笑竹籬短溪柳自摇沙
水清西崦人家應最樂煮芹燒筍餉春耕
身世悠悠我此行溪邊委轡聽溪聲散材畏見搜林

三十

斧疲馬思聞卷旆鉦細雨足時茶戸喜亂山深處長官清人間岐路知多少試向桑田問耦耕

山村五絶

竹籬茆屋趂溪斜春入山村處處花無象太平還有象孤煙起處是人家

煙雨濛濛雞犬聲有生何處不安生但教黃犢無人佩布穀何勞也勸耕

老翁七十自腰鐮慙愧春山筍蕨甜豈是聞韶解忘味爾來三月食無鹽

杖藜裹飯去怱怱過眼青錢轉手空贏得兒童語音

好一年强半在城中

竊祿忘歸我自羞豐年底事汝憂愁不須更待飛鳶

墮方念平生馬少遊

湖上夜歸

我飲不盡器半酣味尤長籃輿湖上歸春風吹面涼

行到孤山西夜色已蒼蒼清吟雜夢寐得句旋已忘

尚記梨花村依依聞暗香入城定何時賓客半在亡

睡眼忽驚矍繁燈鬧河塘市人拍手笑狀如失林麞

始悟山野姿異趣難自强人生安為樂吾策殊未良

寒食未明至湖上太守未來兩縣令先在

城頭月落尚啼烏烏榜紅舷早滿湖鼓吹未容迎五
馬水雲先已颭雙凫映山黃帽螭頭舫夾道青煙鵲
尾爐老病逢春只思睡獨求僧榻寄須臾

次韻孫莘老見贈時莘老移廬州因以別
之

爐鎚一手賦形殊造物無心敢望渠我本疎頑固當
爾子猶淪落況其餘龔黃側畔難言政羅趙前頭且
眩書莘老見稱政事與書而莘老書至不上惟有陽關一杯酒慇懃重
唱贈離居

贈別

青鳥銜巾久欲飛黃鸝别主更悲啼慇懃莫忘分攜
處湖水東邊鳳嶺西

次韻代留别

絳蠟燒殘玉斝飛離歌唱徹萬行啼他年一舸鴟夷
去應記儂家舊姓西

月兔茶

環非環玦非玦中有迷離玉兔兒一似佳人裙上月
月圓還缺缺還圓此月一缺圓何年君不見鬭茶公
子不忍鬭小團上有雙銜綬帶雙飛鸞

薄命佳人

雙頰凝酥髮抹漆眼光入簾珠的皪故將白練作仙衣不許紅膏汙天質吴音嬌軟帶兒癡無限閑愁總未知自古佳人多命薄閉門春盡楊花落

吉祥花將落而述古不至

今歲東風巧翦裁含情只待使君來對花無信花應恨直恐明年便不開

述古聞之明日即來坐上復用前韻同賦

仙衣不用翦刀裁國色初酣卯酒來太守問花花有語為君零落為君開

李鈐轄坐上分題戴花

二八佳人細馬馳十千美酒渭城歌簾前柳絮驚春

晚頭上花枝奈老何露濕醉巾香掩冉月明歸路影

婆娑綠珠吹笛何時見欲把斜紅插皂羅

於潛令刁同年野翁亭

山翁不出山溪翁長在溪前二令作二翁亭不如野翁來往

溪山間上友麋鹿下鳧鷖問翁何所樂三年不去煩

推擠翁言此間亦有樂非絲非竹非蛾眉山人醉後

鐵冠落溪女笑時銀櫛低我來觀政問風謠皆云吠

犬足生氂但恐此翁一旦舍此去長使山人索寞溪

女啼天目山唐道士常冠鐵冠於潛婦女皆插大銀櫛長尺許謂之蓬沓

於潛女

青裙縞袂於潛女兩足如霜不穿屨鬠沙鬢髮絲穿杧蓬沓鄣前走風雨老濞宫粧傳父祖至今遺民悲故主茗溪楊柳初飛絮照溪畫眉渡溪去逢郎樵歸相媚嫵不信姬姜有齊魯

自昌化雙溪館下步尋溪源至治平寺二首

亂山滴翠衣裘重雙澗響空窻戶揺飽食不嫌溪筍瘦穿林閑覔野芎苗却愁縣令知遊寺尚喜漁人爭渡橋正似醴泉山下路桑枝刺眼麥齊腰

每見田園輙自招倦飛不擬控扶搖共疑揚惲非鋤
豆誰信劉章解立苗老去尚貪彭澤米夢歸時到錦
江橋宦遊莫作無家客舉族長懸似細腰

於潛僧綠筠軒

可使食無肉不可居無竹無肉令人瘦無竹令人俗
人瘦尚可肥俗士不可醫旁人笑此言似高還似癡
若對此君仍大嚼世間那有揚州鶴

與臨安令宗人同年劇飲

我雖不解飲把琖歡意足試呼白髮感秋人令唱黃
雞催曉曲與君登科如隔晨弊袍霜葉空殘綠如今

莫問老與少兒子森森如立竹黃雞催曉不須愁老盡世人非我獨

寶山晝睡

七尺頑軀走世塵十圍便腹貯天真此中空洞渾無物何止容君數百人

東坡集卷第四

東坡集卷第五

詩一百三首

僧清順新作垂雲亭

江山雖有餘亭榭著難穩登臨不得要萬象各偃蹇
惜哉垂雲軒此地得何晚天功爭向背詩眼巧增損
路窮朱欄出山破石壁很海門浸坤軸湖尾抱雲巘
葱葱城郭麗淡淡煙村遠紛紛烏鵲去一一漁樵返
雄觀快新獲微景收昔遺道人真古人嘯咏慕嵇阮
空齋臥蒲褐芒屨每自捆天憐詩人窮乞與供詩本
我詩久不作荒澁旋鋤墾從君覓佳句咀嚼廢朝飯

五月十日與呂仲甫周邠僧惠勤惠思清順可久惟肅義詮同泛湖遊北山

三吴雨連月湖水日夜添尋僧去無路瀲瀲水拍簷駕言徂北山得與幽人兼清風洗昏翳晚景分濃纖縹緲朱樓人斜陽半踈簾臨風一揮手悵焉起遐瞻世人騖朝市獨向溪山廉此樂得有命輕傳神所殲

會客有美堂周邠長官與數僧同泛湖往北山湖中聞堂上歌笑聲以詩見寄因和二首時周有服

藹藹君詩似嶺雲從來不許醉紅裙不知野屐穿山

翠惟見輕橈破浪紋頻憶呼盧袁彦道難邀罵坐灌

將軍皆取其有服也晚風落日元無主不惜清凉與子分

載酒無人過子雲掩關晝卧客書裙歌喉不共聽珠

貫醉面何因作纈紋僧侣且陪香火社詩壇欲歛鸛

鵝軍憑君徧遶湖邊寺漲淥晴來已十分

席上代人贈別

凄音怨亂不成歌縱使重來奈老何淚眼無窮似梅

雨一番匀了一番多

天上麒麟豈混塵籠中弱翠不由身那知昨夜香閨

裏更有偷啼暗別人

蓮子擘開須見憶楸枰著盡更無期破衫却有重逢
處一飯何曾忘却時

唐道人言天目山上俯視雷雨每大雷電
但聞雲中如嬰兒聲殊不聞雷震也

已外浮名更外身區區雷電若爲神山頭只作嬰兒
看無限人間失筯人

追和子由去歲試舉人洛下所寄詩五首

暴雨初晴樓上晚景

秋後風光雨後山滿城流水碧潺潺煙雲好處無多
子及取昏鴉未到間

洛邑從來天地中嵩高蒼翠北邙紅風流耆舊消磨
盡只有青山對病翁謂富公也

白汗翻漿午景前雨餘風物便蕭然應傾半熟鵞黄
酒照見新晴水碧天

疾雷破屋雨翻河一掃清風未覺多應似畫師吴道
子高堂巨壁寫降魔

客路三年不見山上樓相對夢魂閒明朝却踏紅塵
去羞向清伊照病顔

過廣愛寺見三學演師觀楊惠之塑寶山

朱瑶畫文殊普賢三首

寓世身如夢安閑日似年敗蒲翻覆卧破衲再三連
歡客眠風竹長齋飲石泉回頭萬事錯自笑覺師賢
妙迹苦難尋茲山見幾層亂峰螺髻出絶磵陣雲崩
措意元同畫觀空欲問僧莫教林下意終老歎何曾
朱瑶唐晚輩得法尚雄深滿寺空遺跡何人識苦心
長廊歆雨脚破壁撼鍾音成壞無窮事他年復弔今

韓子華石淙莊

絳侯百萬兵尚畏書牘背功名意不已數與危機會
我公抱絶識凜凜鎮横潰欲收伊吕迹遠與巢由對
誓言雖未從久已斷諸内區區為懷祖頗覺義之隘

此身隨造物一葉舞澎湃田園不早定歸宿終安在彼美石淙莊每到百事廢泉流知人意屈折作濤瀨寒光洗肝鬲清響跨竽籟我舊門前客放言不自外園中亦何有薈蔚可勝計請公試回首歲晚餘蒼檜

立秋日禱雨宿靈隱寺同周徐二令

百重堆案掣身閑一葉秋聲對榻眠床下雪霜侵戶月枕中琴筑落堦泉崎嶇世味嘗應遍寂寞山棲老漸便惟有問農心尚在起占雲漢更茫然

病中獨遊淨慈謁本長老周長官以詩見寄仍邀遊靈隱因次韻荅之

三、四二

臥聞禪老入南山淨掃清風五百間我與世疎宜獨往君緣詩好不容攀自知樂事年年減難得高人日日閑欲問雲公覓心地要知何處是無還楞嚴經云我今示汝無所還地

病中遊祖塔院

紫李黄瓜村路香烏紗白葛道衣涼閉門野寺松陰轉欹枕風軒客夢長因病得閑殊不惡安心是藥更無方道人不惜堦前水借與匏樽自在嘗

虎跑泉

亭亭石塔東峰上此老初來百神仰虎移泉眼趁行

脚龍作浪花供撫掌至今遊人濯濯罷臥聽空堦環

玦響故知此老如此泉莫作人間去來想

佛日山榮長老方丈 五絶

陶令思歸久未成遠公不出但聞名山中只有蒼髯

叟數里蕭蕭管送迎

千株三槊攙雲立一穗珠旒落鏡寒何處霜眉碧眼

客結爲三友令相看

東麓雲根露角牙細泉幽咽走金沙不堪土肉埋山

骨未放蒼龍浴渥洼

食罷茶甌未要深清風一榻抵千金腹搖鼻息庭花

落還盡平生未足心

日射回廊午枕明水沈銷盡碧煙横山人睡覺無人見只有飛蚊遶鬢鳴

癸丑春分後雪

雪入春分省見稀半開桃杏不勝威應慙落地梅花識却作漫天柳絮飛不分東君專節物故將新巧發陰機從今造物尤難料更暖須留御臘衣

孤山二詠 并引

孤山有陳時柏二株其一為人所薪山下老人自為兒已見其枯矣然堅悍如金石愈於未枯者僧志詮

作堂於其側名之曰柏堂堂與白公居易竹閣相連屬余作二詩以記之

柏堂

道人手種幾生前鶴骨龍姿尚宛然雙幹一先神物化九朝三見太平年忽驚華構依巖出乞與佳名到處傳此柏未枯君記取灰心聊伴小乘禪

竹閣

海山兜率兩茫然古寺無人竹滿軒白鶴不留歸後語蒼龍猶是種時孫兩叢却似蕭郎筆十畝空懷渭上村欲把新詩問遺像病維摩詰更無言

與述古自有美堂乘月夜歸

娟娟雲月稍侵軒瀲瀲星河半隱山魚鑰未收清夜永鳳簫猶在翠微間淒風瑟縮經絃柱香霧淒迷着髻鬟共喜使君能鼓樂萬人爭看火城還

有美堂暴雨

遊人脚底一聲雷滿坐頑雲撥不開天外黑風吹海立浙東飛雨過江來十分瀲灩金樽凸千杖敲鏗羯鼓催喚起謫仙泉灑面倒傾蛟室瀉瓊瑰

八月十五日看潮 五絶

定知玉兔十分圓已作霜風九月寒寄語重門休上

鑰夜潮留向月中看

萬人鼓噪懾吴儂猶似浮江老阿童欲識潮頭高幾許越山渾在浪花中

江邊身世兩悠悠久與滄波共白頭造物亦知人易老故教江水更西流

吴兒生長狎濤淵冒利輕生不自憐東海若知明主意應教斥鹵變桑田（是時新有旨禁弄潮）

江神河伯兩醯雞海若東來氣吐霓安得夫差水犀手三千强弩射潮低（吴越王嘗以弓弩射潮頭與海神戰自爾水不近城）

東陽水樂亭（為東陽令王都官槩作）

君不學白公引涇東注渭五斗黄泥一鍾水又不學
哥舒横行西海頭歸來羯鼓打涼州但向空山石壁
下愛此有聲無用之清流流泉無絃石無竅强名水
樂人人笑慣見山僧已厭聽多情海月空留照洞庭
不復來軒轅至今魚龍舞鈞天聞道𩐋襄東入海遺
聲恐在海山間鏘然澗谷含宫徵節奏未成君獨喜
不須寫入薰風絃縱有此聲無此耳

與周長官李秀才遊徑山二君先以詩見

寄次其韻二首

少年飲紅裙酒盡推不去呼來徑山下試與洗塵霧

癡馬惜鄣泥臨流不肯渡獨有汝南君從我無朝暮
肯將紅塵脚暫着白雲屨嗟我與世人何異笑百步
功名一破甑弃置何用顧更憑陶靜節往問征夫路
龍亦戀故居百年尚來去至今雨雹夜殿闇風纏霧
而我弃鄉國大江忘北渡便欲北山前築室安遲暮
又恐太幽獨歲晚霜入屨同遊得李生仄足隨蹇步
孔明不自愛臨老起三顧吾歸便却掃誰踏門前路

臨安三絶

将軍樹

阿堅澤畔菰蒲節玄德墻頭羽葆桑不會世間閑草

二十九二

木與人何事管興亡

錦溪

楚人休笑沐猴冠越俗徒誇翁子賢五百年間異人出盡將錦繡裹山川

石鏡

山雞舞破半巖雲蔓葉開殘野水春應笑武都山下土枉教明月徇佳人

登玲瓏山

何年僵立兩蒼龍瘦脊盤盤尚倚空翠浪舞翻紅罷亞白雲穿破碧玲瓏三休亭上工延月九折巖前巧

貯風脚力盡時山更好莫將有限趁無窮

宿九仙山九仙謂左元放許邁王謝之流

風流王謝古仙真一去空山五百春玉室金堂餘漢士桃花流水失秦人困眠一榻香凝帳夢遶千巖冷逼身夜半老僧呼客起雲峰缺處湧冰輪

陌上花三首并引

遊九仙山聞里中兒歌陌上花父老云吳越王妃每歲必歸臨安王以書遺妃曰陌上花開可緩緩歸矣吳人用其語為歌含思宛轉聽之淒然而其詞鄙野為易之云

陌上花開蝴蝶飛江山猶是昔人非遺民幾度垂垂老遊女長歌緩緩歸

陌上山花無數開路人爭看翠軿來若為留得堂堂去且更從教緩緩迴

生前富貴草頭露身後風流陌上花已作遲遲君去魯猶歌緩緩妾回家

遊東西巖 即謝安東山也

謝公含雅量世運屬艱難況復情所鍾感槩萃中年正賴絲與竹陶寫有餘歡常恐兒輩覺坐令高趣闌

獨攜縹眇人來上東西山放懷事物外徙倚弄雲泉

一旦功業成管蔡復流言慷慨桓野王哀歌和清彈
挽須起流涕始知使君賢意長日月促卧病已辛酸
慟哭西州門徃駕那復還空餘行樂處古木昏蒼煙

宿海會寺

籃輿三日山中行山中信美少曠平下投黃泉上青
冥綫路每與猿猱爭重樓束縛遭澗坑兩股酸哀飢
腸鳴北度飛橋踏彭鏗繚垣百步如古城大鍾橫撞
千指迎高堂延客夜不扃杉槽漆斛江河傾本來無
垢洗更輕倒床鼻息四鄰驚紞如五鼓天未明木魚
呼粥亮且清不聞人聲聞履聲

海會寺清心堂

南郭子綦初喪我西來達摩尚求心此堂不說有清濁遊客自觀隨淺深兩歲頻為山水役一溪長照雪霜侵紛紛無補竟何事慚愧高人閉戶吟

徑山道中次韻荅周長官兼贈蘇寺丞

年來戰紛華漸覺夫子勝欲求五畝宅灑掃樂清淨學道恨日淺問禪慙聽瑩聊為山水行遂此麋鹿性獨遊吾未果覓伴誰復聽吾宗古遺直窮達付前定餔糟醉方熟洒面呼不醒奈何效鸞[illegible]屢欲爭晨暝不如從我遊高論發犀柄溪南渡横木山寺稱小徑

太平寺俗號小徑山 幽尋自茲始歸路微月暎南望功臣山雲外盤飛磴三更渡錦水再宿留石鏡緬懷周與李能作洛生詠明朝三子至詩律嚴號令籃輿置紙筆得句輕千乘玲瓏苦奇秀名實巧相稱九仙更幽絶笑語千山應空巖側破甕飛溜灑浮磬山前見乕跡候吏鐃鼓競我生本艱奇塵土滿釜甑山禽與野獸知我久蹭蹬笑謂候吏還禦虎吾有命徑山雖云遠行李稍可併頗訝王子猷忽起山陰興但報菊花開吾當理歸榜

汪覃秀才久留山中以詩見寄次其韻

季子應嗔不下機弃家來伴碧雲師中秋冷坐無因醉半月長齋未肯辭擲簡摇毫無怍色（汪善書託寫衆人詩）投名入社有新詩飛騰桂籍他年事莫忘山中採藥時

再遊徑山

老人登山汗如濯到山困卧呼不覺覺來五鼓日三竿始信孤雲天一握（古語云孤雲兩角去天一握）平生未省出鄉險兩足慣曾行犖确含暉亭上望東溟淩霄峰頭挹南岳共愛絲杉翠絲亂誰見玉芝紅玉琢白雲何事自來往明月長圓無晦朔（山有白雲峯明月庵）塚上雞鳴猶憶欽山前鳳舞遠徵璞雪囱馴兎元不死煙嶺孤猨苦

難捉從來白足傲死生不怕黃巾把刀槊榻上雙痕凛然在劒頭一吷何須角以上皆山中故事嗟我昏頑晚聞道與世齟齬空多學靈水先除眼界花清詩爲洗心源濁騷人未要逃競病禪老但喜聞剥啄此生更得幾廻來從今有暇無辭數

洞霄宮

上帝高居愍世頑故留瓊館在凡間青山九鎖不易到作者七人相對閑論語云作者七人矣今監宮凡七人庭下流泉翠蛟舞洞中飛鼠白鴉翻長松怪石宜霜鬢不用金丹苦駐顔

初自徑山歸述古名飲介亭以病先起

西風初作十分涼喜見新橙透甲香遲暮賞心驚節物登臨病眼怯秋光慣眠處士雲庵裏倦醉佳人錦瑟旁猶有夢迴清興在卧聞歸路樂聲長

明日重九亦以病不赴述古會再用前韻

月入秋帷病枕涼霜飛夜簟故衾香可憐吹帽狂司馬空對親春老孟光不作雍容傾坐上翻成猷驊倚門旁人間此會論今古細看茱萸感歎長

九日尋臻闍梨遂泛小舟至懃師院二首

白髮長嫌歲月侵病眸兼怕酒杯深南屏老宿閑相

過東閣郎君嬾重尋試碾露芽烹白雪休拈霜蘂嚼
黃金扁舟又載平湖去欲訪孤山支道林

湖上青山翠作堆葱葱鬱鬱氣佳哉笙歌叢裏抽身
出雲水光中洗眼來白足赤髭迎我笑拒霜黃菊為
誰開明年桑苧煎茶處憶著衰翁首重迴皎然有九日與陸羽
煎茶詩羽自號桑苧翁余來年九日去此久矣

九日舟中望見有美堂上魯少卿飲處以
詩戲之

指點雲間數點紅笙歌正擁蝶蜂叢誰知愛酒龍山
客却在漁舟一葉中

西閣珠簾卷落暉水沉煙斷佩聲微遥知通德淒涼
甚擁髻無言怨未歸

遊諸佛舍一日飲釅茶七琖戲書勤師壁

示病維摩元不病在家靈運已忘家何煩魏帝一丸
藥且盡盧仝七椀茶

九日湖上尋周李二君不見君亦見尋於
湖上以詩見寄明日乃次其韻

湖上野芙蓉含思愁脉脉娟然如靜女不肯傍阡陌
詩人杳未來霜艶冷難宅君行逐鷗鷺出處浩莫筞
葦間聞拏音雲表已飛屐使我終日尋逢花不忍摘

人生如朝露要作百年客喟彼終歲勞幸兹一日澤
願言竟不遂人事多乖隔悟此知有命況憂傷魂魄

送杭州杜戚陳三掾罷官歸鄉

秋風摵摵鳴枯蓼舡閣荒村夜悄悄正當逐客斷腸
時君獨歌呼醉連曉老夫平生齊得喪尚戀微官失
輕矯君今憔悴歸無食五斗未可秋毫小君言失意
能幾時月啖蝦蟇行復皎殺人無驗中不快此恨終
身恐難了徇時所得無幾何隨手已遭憂患繞期君
正似種宿麥忍饑待食明年麨

次韻周長官壽星院同餞魯少卿

瑠璃百頃水仙家風靜湖平響鈞車穿歷踈松歆晚
煦伶俜寒蝶抱秋花困眠不覺依蒲褐歸路相將踏
桂華更著綸巾披鶴氅他年應作畫圖誇

次韻述古過周長官夜飲

二更鐃鼓動諸隣百首新詩間八珍已遣亂蛙成兩
部更邀明月作三人雲煙湖寺家家境燈火沙河夜
夜春曷不勸公勤秉燭老來光景似奔輪

述古以詩見責屢不赴會復次前韻

我生孤癖本無隣老病年來益自珍肯對紅裙詞白
酒但愁新進笑陳人北山怨鶴休驚夜南畝巾車欲

及春多謝清詩屢推轂豨膏那解轉方輪宋詩有雲胥蒲輪之句

金門寺中見李留臺與二錢惟演惟易唱和四絶句戲用其韻跋之

帝城春日帽簷斜二陸初來尚憶家未肯將鹽下蓴菜已應知雪似楊花

生平賀老慣乘舟騎馬風前怕打頭欲問君王乞符竹但憂無蟹有監州皆世所傳錢氏故事

西臺妙迹繼楊風擬式無限龍蛇洛寺中一紙清詩弔興廢塵埃零落梵王宮

五季文章墮刼灰升平格力未全回故知前輩宗徐庾數首風流似玉臺

胡穆秀才遺古銅器似鼎而小上有兩柱可以覆而不蹶以為鼎則不足疑其飲器也胡有詩荅之

隻耳獸鬣環長脣鵝擘喙三趾下鋭春蒲短兩柱向張秋菌細君看翻覆俯仰間覆成三角翻兩髻古書雖滿腹苟有用我亦隨世嗟君一見呼作鼎纔注升合已漂逝不如學鴟夷盡日盛酒真良計古有篆五字不可識

賀陳述古弟章生子

欝葱佳氣夜充閭始見徐卿第二雛甚欲去爲湯餅客惟愁錯寫弄麞書叅軍新婦賢相敵阿大中郎喜有餘我亦從來識英物試教啼看定何如

贈治易僧智周

寒窓孤坐凍生餅尚把遺編照露螢閣束九師新得妙夢吞三畫舊通靈斷絃挂壁知音喪（師與契嵩深相知時已逝矣）揮麈空山亂石聽齋罷何須更臨水胸中自有洗心經

張子野年八十五尚聞買妾述古令作詩

錦里先生自笑狂莫欺九尺鬢眉蒼詩人老去鶯鶯

在公子歸來燕燕忙柱下相君猶有齒江南刺史已
無腸平生謬作安昌客略遣彭宣到後堂

書雙竹湛師房

我本江湖一釣舟意嫌高屋冷颼颼羨師此室纔方
丈一炷清香盡日留

暮鼓朝鍾自擊撞閉門孤枕對殘釭白灰旋撥通紅
火卧聽蕭蕭雪打窗

寶山新開徑

藤梢橘刺元無路竹杖棕鞋不用扶風自遠來聞語
笑水分流處見江湖回觀佛國青螺髻踏遍仙人碧

玉壺野客歸時山月上棠梨葉戰暝禽呼

和述古冬日牡丹

一朶妖紅翠欲流春光回照雪霜羞化工只欲呈新巧不放閑花得少休

花開時節雨連風却向霜餘染爛紅漏泄春光私一物此心未信出天工

當時只道鶴林仙能遣秋花發杜鵑誰信詩能迴造化直教霜栟放春妍

不分清霜入小園故將詩律變寒暄使君欲見藍關詠更倩韓郎為染根

和錢安道寄惠建茶

我官于南今幾時嘗盡溪茶與山茗胸中似記故人
面口不能言心自省為君細說我未暇試評其略差
可聽建溪所產雖不同一一天與君子性森然可愛
不可慢骨清肉膩和且正雪花雨脚何足道啜過始
知真味永縱復苦硬終可錄汲黯少戇寬饒猛草茶
無賴空有名高者妖邪次頑懭體輕雖復强浮泛性
滯偏工嘔酸冷其間絕品豈不佳張禹縱賢非骨鯁
葵花玉銙不易致道路幽嶮隔雲嶺誰知使者來自
西開緘磊落收百餅嗅香嚼味本非别透紙自覺光

烱烱粃糠團鳳友小龍奴隸日注臣雙井收藏愛惜待佳客不敢色裹鑽權倖此詩有味君勿傳空使時人怒生癭

和柳子玉喜雪次韻仍呈述古

詩翁愛酒長如渴缾盡欲沽囊已竭燈青火冷不成眠一夜撚須吟喜雪詩成就我覔歡處我窮正與君髣髴昌不走投陳孟公有酒醉君仍飽德瓊瑶欲盡天應惜更遣清光續殘月安得佳人擢素手笑捧玉盌兩奇絕豔歌一曲迴陽春坐使高堂生暖熱

弔天竺海月辯師三首

欲尋遺跡强沾裳本自無生可得亡今夜生公講堂月滿庭依舊冷如霜

生死猶如臂屈伸情鍾我輩一酸辛樂天不是蓬萊客憑仗西方作主人

欲訪浮雲起滅因無緣却見夢中身安心好住王文度此理何須更問人

李頎秀才善畫山以兩軸見寄仍有詩次韻荅之

平生自是箇中人欲向漁舟便寫真詩句對君難出手雲泉勸我早抽身年來白髮驚秋速長恐青山與

世新從此北歸休悵望囊中收得武林春

雪後至臨平與柳子玉同至僧舍見陳尉

列

落帆古戍下積雪高如丘強邀詩老出趺髯散飀飀僧房有宿火手足漸和柔靜士素寡言相對自忘憂銅鑪擢煙穟石鼎浮霜漚我行雖有程坐穩且復留大哉天地間此生得浮遊

夜至永樂文長老院文時卧病退院

愁聞巴叟卧荒村來打三更月下門往事過年如昨日此身未死得重論老非懷土情相得病不開堂道

益尊惟有孤栖舊時鶴舉頭見客似長言

柳氏二外生求筆迹

退筆成山未足珍讀書萬卷始通神君家自有元和脚莫厭家雞更問人

一紙行書兩絶詩遂良須鬢已如絲何當火急傳家法欲見誠懸筆諫時

錢安道席上令歌者道服

烏府先生鐵作肝霜風卷地不知寒猶嫌白髮年前少故點紅燈雪裏看他日卜隣先有約待君投紱我休官如今且作華陽服醉唱儂家七返丹

除夜野宿常州城外二首

行歌野哭兩堪悲遠火低星漸向微病眼不眠非守歲鄉音無伴苦思歸重衾脚冷知霜重新沐頭輕感髮稀多謝殘燈不嫌客孤舟一夜許相依

南來三見歲云徂直恐終身走道塗老去怕看新曆日退歸擬學舊桃符煙花已作青春意霜雪偏尋病客鬚但把窮愁博長健不辭最後飲屠酥

元日過丹陽明日立春寄魯元翰

堆盤紅縷細茵蔯巧與樹花兩鬬新竹馬異時寧信老土牛明日莫辭春西湖弄水猶應早北寺觀燈欲

及辰白髮蒼顏誰肯記曉來頻噎為何人

古纏頭曲

鵾絃鐵撥世無有樂府舊工惟尚叟一生喙硬眼無人坐此困窮今白首翠鬟女子年十七指法已似呼韓婦輕帆渡海風掣迴滿面沙塵和淚垢青衫不逢湓浦客紅裹漫揷曹綱手爾來一見哀臺他便着臂韝躬井臼我憋貧病百不足强對黃花飲白酒轉關濩索動有神雷輥空堂戰窻牖四絃一抹擁袂立再拜十分為我壽世人只解錦纏頭與汝作詩傳不朽

刁同年草堂

不用長竿矯繡衣南園北第兩參差青山有約長當戶流水無情自入池歲久酴醾渾欲合春來楊柳不勝垂主人不用怱怱去正是紅梅着子時

惠山謁錢道人烹小龍團登絶頂望太湖

踏遍江南南岸山逢山未免更留連獨携天上小圓月來試人間第二泉石路縈回九龍脊水光翻動五湖天孫登無語空歸去半嶺松聲萬壑傳

錢道人有詩云直須認取主人翁作兩絶戲之

首斷故應無斷者氷消那復有氷知主人若苦令儂

認認主人人竟是誰
有主還須更有賓不如無鏡自無塵只從半夜安心
後失却當年覺痛人

和蘇州太守王規甫侍太夫人觀燈之什

余時以劉道原見訪滞留京口不及赴此

會二首

不覺朱轓輾後塵争看繡幰錦纏輪洛濵侍從三人
貴京兆平反一笑春但逐東山携伎女那知後閤走
窮賓滞留不見榮華事空作賡詩第七人
翩翩緹騎走香塵激激飛濤射火輪美酒留連三夜

月豐年傾倒五州春時浙西皆以不熟罷燈惟蘇獨盛安排詩律追

强對蹭蹬歸期為惡賓墮珥遺簪想無限華胥猶見

夢回人

成都進士杜暹伯升出家名法通往來吴

中

欲識當年杜伯升飄然雲水一孤僧若教俯首隨韁

鎖料得如今似我能柳子玉云暹若及第不過似我

東坡集卷第五

東坡集卷第六

詩九十九首

虎丘寺

入門無平田石路穿細嶺陰風生澗壑古木翳潭井
湛盧誰復見秋水光耿耿鐵花秀巖壁殺氣噤蛙黽
幽幽生公堂左右立頑礦當年或未信異類服精猛
胡爲百歲後仙鬼互馳騁窈然留清詩讀者爲悲哽
東軒有佳致雲水麗千頃熙熙覽生物春意破凄冷
我來屬無事暖日相與永喜鵲翻初旦愁鳶蹲落景
坐見漁樵還新月溪上影悟彼良自咍歸田行可請

常潤道中有懷錢塘寄述古五首

從來直道不辜身得向西湖兩過春沂上已成曾點服泮宫初采魯侯芹休驚歲歲年年貌且對朝朝莫莫人細雨晴時一百六畫船鼉鼓莫違民

草長江南鶯亂飛年來事事與心違花開後院還空落燕入華堂怪未歸世上功名何日是罇前點檢幾人非去年柳絮飛時節記得金籠放雪衣杭人以放鴿為太守壽

浮玉山頭日日風即金山也湧金門外已春融二年魚鳥渾相識三月鶯花付與公剩看新翻眉倒暈未應泣

别臉消紅何人織得相思字寄與江邊北向鴻
國豔夭饒酒半酣去年同賞寄僧籥但知撲撲晴香
軟誰見森森曉態嚴轂雨共驚無幾日蜜蜂未許輙
先甜應須火急迴征棹一片詞枝可得黏
惠山泉下土如濡陽羨溪頭米勝珠賣劒買牛吾欲
老殺雞爲黍子來無地偏不信容髙葢俗儉真堪着
腐儒莫怪江南苦留滯經營身計一生迂
刁景純賞瑞香花憶先朝侍宴次韻
上苑夭桃自作行劉郎去後幾回芳厭從年少追新
賞閑對宫花識舊香欲贈佳人非泛洧好紉幽佩弔

沉湘鶴林神女無消息為問何年返帝鄉

同柳子玉遊鶴林招隱醉歸呈景純

花時臘酒照人光歸路春風灑面涼劉氏宅邊霜竹老戴公山下野桃香巉頭疋練兼天靜泉底真珠濺客忙安得道人攜笛去一聲吹裂翠崖岡

景純見和復次韻贈之二首

解組歸來道益光坐看百物自炎涼卷簾堂上檀槽鬧送客林間樺燭香淺量已愁當酒怯非才尤覺和詩忙何人貪佩黃金印千柱耽耽鎖北岡

人間膏火正爭光每到藏春得蹔涼多事始知田舍

好凶年偏覺野蔬香溪山勝畫徒能說來往如梭為底忙老去此身無處著為翁栽揷萬松岡

柳子玉亦見和因以送之兼寄其兄子璋道人

不羨腰金照地光甓時假面弄西涼晴囱曬日肝腸暖古殿朝真屨袖香說靜故知猶有動無閑底處更求忙先生官罷乘風去何用區區賦陟岡

子玉家宴用前韻見寄復荅之

自酌金樽勸孟光更教長笛奏伊涼子玉家有笛婢睾衣男女遶太白扇枕郎君煩阿香詩病逢春轉深痼愁魔

得酒甕奔忙醒時情味吾能說日在西南白草岡

景純復以二篇一言其亡兄與伯父同年之契一言今者唱酬之意仍次其韻

靈壽扶來似孔光感時懷舊一悲涼蟾技不獨同攀桂雞舌還應共賜香（亦同為郎）等是浮休無得喪粗分憂樂有閑忙年來世事如波浪欝欝誰知柏在岡

屢把鉛刀齒步光更遭華衮照龐涼蘇門山上莫長嘯詹匐林中無別香燭燼已殘中夜刻槐花還似昔年忙背城借一吾何敢慎莫樽前替戾岡

金山寺與柳子玉飲大醉卧寶覺禪榻夜

分方醒書其壁

惡酒如惡人相攻劇刀箭頹然一榻上勝之以不戰詩翁氣雄拔禪老語清軟我醉都不知但覺紅緑眩醒時江月墮撼撼風響變惟有一龕燈二豪俱不見

大風留金山兩日

塔上一鈴獨自語明日顛風當斷渡朝來白浪打蒼崖倒射軒窗作飛雨龍驤萬斛不敢過漁艇一葉從掀舞細思城市有底忙却笑蛟龍為誰怒無事久留童僕怪此風聊得妻孥許灊山道人獨何事半夜不眠聽粥鼓

監洞霄宮俞康直郎中所居四詠

退圃

百丈休牽上瀨船一鈎歸釣縮頭鯿園中草木春無數只有黃楊厄閏年俗說黃楊歲長一寸遇閏退三寸

逸堂

新第誰來作並隣舊官盌復憶星辰請君置酒吾當賀知向江湖拜散人

遯軒

冠蓋相望起隱淪先生那得老江村古來真遯何曾遯笑殺逾垣與閉門

遠樓

西山煙雨卷踈簾北戸星河落短簷不獨江天解空闊地偏心遠似陶潛

遊鶴林招隱二首

郊原雨初霽春物有餘妍古寺滿脩竹深林聞杜鵑

瞧餘柳花墮目眩山櫻然西窓有病客危坐看香煙

行歌白雲嶺坐咏脩竹林風輕花自落日薄山半陰

澗草誰復識聞香香難尋時見城市人幽居惜未深

書普慈長老壁 志誠

普慈寺後千竿竹醉裏曾看碧玉椽倦客再遊行老

矣高僧一笑故依然久参白足知禪味苦厭黃公鴂名
聒晝眠惟有兩株紅百葉晚來猶得向人妍

書焦山綸長老壁

法師住焦山而實未嘗住我來輒問法法師了無語
法師非無語不知所荅故君看頭與足本自安冠屨
譬如長鬣人不以長為苦一旦或人問每睡安所措
歸來被上下一夜着無處展轉遂達晨意欲盡鑷去
此言雖鄙淺故自有深趣持此問法師法師一笑許

刁景純席上和謝生二首

悮入仙人碧玉壺一歡那復間親疎杯盤狼籍吾何

敢車騎雍容子甚都此夜新聲聞北里他年故事紀
南徐欲窮風月三千界頽化人天百億軀
縱飲誰能問挈壺不知門外曉星疎綺羅勝事齊三
閣賓主談鋒敵兩都榻畔煙花常歎杜海中童丱尚
追徐毋多酌我公須聽醉後麤狂膽滿軀

留別金山寶覺圓通二長老

沐罷巾冠怯晚涼睡餘齒頰帶茶香艤舟北岸何時
渡晞髮東軒未肯忙康濟此身殊有道醫治外物本
無方風流二老長還往顧我歸期尚渺茫

無錫道中賦水車

三五七

飜飜聯聯銜尾鴉犖犖确确蜕骨蛇分畦翠浪走雲
陣剌水綠鍼抽稻牙洞庭五月欲飛沙鼉鳴窟中如
打衙天公不見老翁泣喚取阿香推雷車

杭州牡丹開時僕猶在常潤周令作詩見
寄次其韻復次一首送赴闕

羞歸應為負花期已是成陰結子時與物寡情憐我
老遣春無恨賴君詩玉臺不見朝酣酒金縷猶歌空
折枝從此年年定相見欲師老圃問樊遲

莫負黃花九日期人生窮達可無時十年且就三都
賦萬戶終輕千首詩天靜傷鴻猶戢翼月明驚鵲未

安枝君看六月河無水萬斛龍驤到自遅

蘇州閭丘江君二家雨中飲酒二首

小圃陰陰遍灑塵方塘瀲瀲欲生紋已煩仙袂來行雨莫遣歌聲便駐雲肯對綺羅辭白酒試將文字惱紅裙今宵記取醒時節點滴空堦獨自聞

五紀歸來鬢未霜十眉環列坐生光喚船渡口迎秋女駐馬橋邊問泰娘曾把四絃娱白傅敢將百草鬭吴王從今却笑風流守畫戟空凝宴寢香

次韻沈長官三首

家山何在兩忘歸杯酒相逢慎勿違不獨飯山嘲我

瘦也應糠覈怪君肥
男婚已畢女將歸累盡身輕志莫違誰道山中食無
肉玉池清水自生肥
造物知吾久念歸似憐衰病不相違風來震澤帆初
飽雨入松江水漸肥

戲書吴江三賢畫像三首

誰將射御教吴兒長笑申公為夏姬却遣姑蘇有麋
鹿更憐夫子得西施　范蠡
浮世功勞食與眠季鷹真得水中仙不須更說知機
早直為鱸魚也自賢　張翰

千首文章二頃田囊中未有一錢看却因養得能言
鴨驚破王孫金彈丸 陸龜蒙

和劉孝対會帋丘時王規甫齋素祈雨不至二首

白簡威猶凛青山興已穠鶴閑雲作氅駞卧草埋峰
跪履若可教卜隣應見容因公問回老何處定相逢
太常齋未解不肯對纖穠只遣三千履來遊十二峰
林空苔清唱潭淨寫衰容歸去瑤臺路還應月下逢

過永樂文長老已卒

初驚鶴瘦不可識旋覺雲歸無處尋三過門間老病

三卅五

死一彈指頃去來今存亡慣見渾無淚鄉井難忘尚有心欲向錢塘訪圓澤葛洪川畔待秋深

贈張刁二老

兩邦山水未凄涼二老風流總健强共成一百七十歲各飲三萬六千場藏春塢裏鶯花鬧仁壽橋邊日月長惟有詩人被磨折金釵零落不成行

去年秋偶遊寶山上方入一小院閴然無人有僧隱几低頭讀書與之語漠然不甚對問其隣之僧曰此雲闍梨也不出十五年矣今年六月自常潤還復至其室則死

葬數月矣作詩題其壁

雲師來寶山一住十五秋讀書常閉戶客至不舉頭去年造其室清坐忘百憂我初無言說師亦無對酬今來復扣門空房但飀飀云已滅無餘薪盡火不留却疑此室中甞有斯人不所遇孰非夢事過吾何求

聽僧昭素琴

至和無攫醳至平無按抑不知微妙聲究竟何從出散我不平氣洗我不和心此心知有在尚復此微吟

僧惠勤初罷僧職

軒軒青田鶴鬱鬱在樊籠既為物所縻遂與吾輩同

今來始謝去萬事一笑空新詩如洗出不受外垢蒙
清風入齒牙出語如風松霜髭茁病骨飢坐聽午鐘
非詩能窮人窮者詩乃工此語信不妄吾聞諸醉翁

遊靈隱高峰塔

言遊高峰塔蓐食始野裝火雲秋未衰及此初旦涼
霧霏巖谷暗日出草木香嘉我同來人又便雲水鄉
相勸小舉足前路高且長古松攀龍蛇怪石坐牛羊
漸聞鐘磬音飛鳥皆下翔入門空無有雲海浩茫茫
惟見聾道人老病時絕糧問年笑不答但指穴藜床
心知不復來欲歸更傍徨贈別留疋布今歲天早霜

八月十七日天竺山送桂花分贈元素

月缺霜濃細蘂乾此花元屬桂堂仙鷲峰子落驚前夜蟾窟枝空記昔年破裓山僧憐耿介練裙溪女鬬清妍顚公採擷紉幽佩莫遣孤芳老澗邊

捕蝗至浮雲嶺山行疲苦有懷子由弟二首

西來煙陣塞空虛灑遍秋田雨不如新法清平那有此老身窮苦自招渠無人可訴烏銜肉憶弟難憑犬寄書自咲迂踈皆此類區區猶欲理蝗餘

霜風漸欲作重陽熠熠溪邊野菊黃久廢山行疲犖

確尚能村醉舞淋浪獨眠林下夢魂好回首人間憂

患長殺馬毀車從此逝子來何處問行藏

青牛嶺高絕處有小寺人迹罕到

暮歸走馬沙河塘爐煙裊裊十里香朝行曳杖青牛

嶺崖泉咽咽千山靜君勿笑老僧耳聾喚不聞百年

俱是可憐人明朝且復城中去白雲却在題詩處

新城陳氏園次晁補之韻

荒涼廢圃秋寂歷幽花晚山城已窮僻況與城相遠

我來亦何事徙倚望雲巘不見苦吟人清樽為誰滿

梅聖俞詩集中有毛長官者今於潛令國

華也聖俞没十五年而君猶為令捕蝗至

其邑作詩戲之

詩翁憔悴老一官厭見苜蓿堆青盤歸來羞澁對妻子自比鮎魚緣竹竿今君滯留生二毛飽聽衙鼓眠黄紬更將嘲笑調朋友人道獼猴騎土牛頗君恰似高常侍𩯭為小邑仍刺史不頗君為孟浩然却遭明主放還山官遊逢此歲年惡飛蝗來時半天黑羡君封境稻如雲蝗自識人人不識

與毛令方尉遊西菩寺二首

推擠不去已三年魚鳥依然笑我頑人未放歸江北

路天教看盡浙西山尚書清節衣冠後處士風流水石間一哭相逢那易得數詩狂語不須删

路轉山腰足未移水清石瘦便能奇白雲自占東西嶺明月誰分上下池黑黍黄粱初熟後朱柑緑橘半甜時人生此樂須天賦莫遣兒曹取次知

聽賢師琴

大絃春温和且平小絃廉折亮以清平生未識宫與角但聞牛鳴盎中雉登木門前剥啄誰扣門山僧未閑君勿瞋歸家且覓千斛水淨洗從來箏笛耳

贈寫真何充秀才

君不見路州別駕眼如電左手挂弓橫撚箭又不見雪中騎驢孟浩然皺眉吟詩肩聳山飢寒富貴兩安在空有遺像留人間此身常擬同外物浮雲變化無蹤迹問君何苦寫我真君言好之聊自適黃冠野服山家容意欲置我山巖中勳名將相今何限往寫襃公與鄂公

回先生過湖州東林沈氏飲醉以石榴皮書其家東老庵之壁云西隣已富憂不足東老雖貧樂有餘白酒釀來因好客黃金散盡為收書西蜀和仲聞而次其韻三首

東老沈氏之老自謂也湖人因以名之其

子偕作詩有可觀者

世俗何知貧是病神仙可學道之餘但知白酒留佳

客不問黃公覔素書

符離道士晨興際華岳先生尸解餘忽見黃庭丹篆

句猶傳青紙小朱書

淒涼雨露三年後髣髴塵埃數字餘至用榴皮緣底

事中書君豈不中書

李行中秀才醉眠亭

已向閑中作地仙更於酒裏得天全從教世路風波

惡賀監偏工水底眠

君且歸休我欲眠人言此語出天然醉中對客眠何害須信陶潛未苦賢

孝先風味也堪憐肯為周公晝日眠枕麴先生猶笑汝枉將空腹貯遺編

甘露寺彈箏

多景樓上彈神曲欲斷哀絃再三促江妃出聽霧雨愁白浪翻空動浮玉（金山名）喚取吾家雙鳳槽遣作三峽孤猿號與君合奏芳春調啄木飛來霜樹杪

單同年求德興俞氏聚遠樓詩三首

雲山煙水苦難親野草幽花各自春賴有高樓能聚遠一時收拾與閑人

無限青山散不收雲奔浪卷入簾鉤直將眼力為疆界何啻人間萬戶侯

聞說樓居似地仙不知門外有塵寰幽人隱几寂無語心在飛鴻滅沒間

平山堂次王居卿祠部韻

高會日陪山簡醉狂言屢發次公醒酒如人面天然白山向吾曹分外青江上飛雲來北固檻前脩竹憶南屏六朝興廢餘丘壠空使姦雄笑寍馨

次韻陳海州書懷

鬱鬱蒼梧海上山（東海鬱洲山云自蒼梧浮來）蓬萊方丈有無間
舊聞草木皆仙藥欲弃妻孥守市闤雅志未成空自
歎故人相對若為顏酒醒却憶兒童事長恨雙鳧去
莫攀（陳曽令鄉邑）

次韻陳海州乘槎亭

人事無涯生有涯逝將歸釣漢江槎乘桴我欲從安
石遁世誰能識子嗟日上紅波浮碧巘潮來白浪卷
青沙清談美景雙奇絕不覺歸鞍帶月華

次韻孫職方蒼梧山

蒼梧奇事豈虛傳荒怪還須問子年遠託鼇頭轉滄海來依鵬背負青天或云靈境歸賢者又恐神功亦偶然聞道新春恣遊覽羨君平地作飛仙

次韻孫巨源寄漣水李盛二著作并以見寄五絕

南嶽諸劉豈易逢相望無復馬牛風山公雖見無多子杜燕何由戀塞鴻昔與巨源劉貢父劉莘老相遇於山陽自爾契闊惟巨源近者復相見於京口

高才晚歲終難進勇退當年正急流不獨二疎為可慕他時當有景孫樓巨源近離東海郡有景疎樓

潄石先生難可意（謂巨源）氍毹校尉久無朋（自謂）應知客路愁無奈故遣吟詩調李陵（謂李君也）

雲雨休排神女車忠州老病畏人誇詩豪正值安仁在空看河陽滿縣花（盛為邑宰）

膠西未到吾能說桑柘禾麻不見春不羨京塵騎馬客羨他淮月弄舟人

王莽

漢家殊味識經綸入手功名事事新百尺穿成連夜井千金購得解飛人

董卓

公業平時勸用儒諸公何事起相圖只言天下無健者豈信車中有布乎

㕑兒

舊聞老蚌生明珠未省老兔生於菟老兔自謂月中物不騎快馬騎蟾蜍蟾蜍爬沙不肯行坐令青衫垂白鬚於菟駿猛不類渠指揮黃熊駕黑貙丹砂紫麝不用塗眼光百步走妖狐妖狐莫誇智有餘不勞搖牙咀爾徒

除夜病中贈段屯田

龍鍾三十九勞生已强半歲莫日斜時還為昔人歎

今年一線在那復堪把玩欲起强（樂天詩云行年三十九歲莫日斜時）持酒故交雲雨散惟有病相尋空齋為老伴蕭條燈火冷寒夜何時旦勸僕觸屏風飢鼯嗅空案數朝閉閤卧霜髮秋蓬亂傳聞使者來策杖就梳盥書來若安慰不怪造請緩大夫忠烈後高義金石貫要當擊權豪未肯覷衰懦此生何所似闇盡灰中炭歸田計已決此邦聊假館三徑粗成背一枝有餘煖願君更信宿庶奉一咲粲

喬太博見和復次韻荅之

百年三萬日老病常居半其間迭憂樂歌咲雜悲歎

顛倒不自知直為神所玩須臾便堪咲萬事風雨散
自從識此理久謝少年伴逝將遊無何豈暇讀城旦
非才更多病二事可并案愧煩賢使者弭節整紛亂
喬侏瑚璉質清廟嘗薦盥奮髯百吏走坐變齊俗緩
未遭甘鷄退並進恥魚貫每聞議論餘凛凛激貪懦
莫邪當自躍豈復煩爐炭便應朝秣越未暮刷燕館
胡為守故丘眷戀桑榆煖為君扣牛角一咏南山粲

二人再和亦再荅之

寒雞知將晨飢鶴知夜半亦如老病客遇節常感歎
光陰等敲石過眼不容玩親友如摶沙放手還復散

羈孤每自咲窮寞誰肯伴元達䟽神君晉循吏喬智明字元達

高論森月旦紀明本賢將段釋之本將家汨沒事堆案欣然

肯相顧夜閣燈火亂盤空愧不飽酒薄僅堪盥雍容

許着帽不怪安石緩雖無窈窕人清唱弄珠貫幸有

從横舌說劒起慵懦二豪沉下位暗火埋濕炭豈似

草玄人默默老儒館行看富貴逼炙手借餘煖應念

苦思歸登樓賦王粲

雪後書北臺壁二首

黃昬猶作雨纖纖夜靜無風勢轉嚴但覺衾裯如潑

水不知庭院已堆鹽五更曉色來書幌半月寒聲落

三十七四

畫簷試掃北臺看馬耳未隨埋沒有雙尖
城頭初日始翻鴉陌上晴泥已沒車凍合玉樓寒起
粟光摇銀海眩生花遺蝗入地應千尺宿麥連雲有
幾家老病自嗟詩力退空吟氷柱憶劉乂

謝人見和前篇二首

已分酒盃欺淺懦敢將詩律鬬深嚴漁蓑句好應須
畫柳絮才高不道鹽敗履尚存東郭指飛花又舞謫
仙簷書生事業真堪咲忍凍孤吟筆退尖
九陌淒風戰齒牙銀杯逐馬滯隨車也知不作堅牢
玉無奈能開頃刻花得酒强歡愁底事閉門髙卧定

誰家臺前日煖君須愛氷下寒魚漸可乂

鐵溝行贈喬太博

城東坡壠何所似風吹海濤低復起城中病守無所
為走馬夾尋鐵溝水鐵溝水淺不容輈恰似當年韓
與侯有魚無魚何足道駕言聊復寫我憂荒村野店
亦何有欲發狂言須斗酒山頭落日側金盆倒着接
離搔白首忽憶從軍年少時輕裘細馬百不知臂弓
腰箭南山下追逐長楊射獵兒老去同君兩憔悴犯
夜醉歸人不避今年定起故將軍未肯先誅灞陵尉

出城送客不及步至溪上二首

三七三

送客客已去尋花花未開未能城裏去且復水邊來
父老借問我史君安在哉今年好雨雪會見麥千堆
春來六十日笑口幾回開會作堂堂去何妨得得來
勸游行老矣舊隱賦歸哉東望峨眉小廬山翠作堆
郡東廬山絕類峨眉而小

蘇州姚氏三瑞堂姚氏山以苹爾

君不見董邵南隱居行義孝且慈天公亦恐無人知
故令雞狗相哺兒又令韓老為作詩爾來三百年名
與淮水東南馳此人世不乏此事亦時有楓橋三瑞
皆目見天意宛在虞鰥後惟有此詩非昔人君更往

求無價手

莫笑銀杯小　荅喬太博

陶潛一縣令獨飲仍獨醒猶將公田二頃五十畒種秫作酒不種秔我今號為二千石歲釀百石何以醉賓客請君莫笑銀杯小爾來歲旱東海窄會當拂衣歸故丘作書貸粟監河侯萬斛舩中着美酒與君一生長拍浮

送段屯田分得于字

勸農使者古文夫不惜春衫踐泥塗王事靡盬君甚劬奉常客卿虬兩須東武縣令天馬駒泮宮先生非

俗儒相與野飲四子俱樂哉此樂城中無溪邊策杖
自携壺腰笏不煩何易于膠西病守老且迂空齋愁
坐紛墨朱四十豈不知頭顱畏人不出何其愚

和段屯田荆林館

南山有佳色無人空自奇清詩為題品草木變芬菲
謝女得秀句留待中郎歸便當勤鞭策僕勸馬亦飢

段有姪女在密

贈上天竺辯才師

南北一山門上下兩天竺中有老法師瘦長如鸛鵠
不知修何行碧眼照山谷見之自清涼洗盡煩惱毒

坐令一都會勇丈禮白足我有長頭兒角頰峙犀玉
四歲不知行抱負煩背腹師來爲摩頂起走趁奔鹿
乃知戒律中妙用謝羈束何必言法華佯狂啖魚肉

遊廬山次韻章傳道

塵容已似服轅駒野性猶同縱壑魚出入巖巒千仞
表較量筋力十年初雖無窈窕驅前馬還有鷓夷挂
後車莫咲吟詩淡生活當令阿買爲君書

廬山五詠

廬敖洞 圖經云敖秦博士避難此山遂得道

上界足官府飛昇亦何益還在此山中相逢不相識

飲酒臺

愽士雅好飲空山誰與娛莫向驪山去君王不喜儒

聖燈巖

石室有金丹山神不知祕何必露光芒夜半驚童稚

三泉

皎皎巖下泉無人還自絜不用比三星清光同一月

障日峰（其狀類峨眉但小耳）

長安自不遠蜀客苦思歸莫教名障日喚作小峨眉

東坡集卷第六

重刊明成化本東坡七集

東坡集卷第七

詩八十三首

次韻章傳道喜雨（禱常山而得）

去年夏旱秋不雨海畔居民飲鹹苦今年春煖欲生蝝地上戢戢多於土預憂一旦開兩翅口吻如風那肯吐前時渡江入吳越布陣橫空如項羽（去歲錢塘見飛蝗自西北來極可畏）農夫拱手但垂泣人力區區固難禦撲緣驂尾困牛馬啖齧衣服穿房戶坐觀不救亦何心秉畀炎火傳自古荷鋤散掘誰敢後得米濟飢還小補常山山神信英烈擕駕雷公訶電母應憐郡守老且愚

欲把瘡痍手摩撫山中歸時風色變中路已覺商羊
舞夜𢗅騷騷閙松竹朝畦泫泫流膏乳從來蝗旱必
相資此事吾聞老農語庶將積潤掃遺孽收拾豐歲
還明主縣前已窖八千斛（今春及今得蝗子八千餘斛）率以一勝
完一畝更看蠶婦過初眠（蠶一眠則蝗不復生矣）未用賀客來
旁午先生筆力吾所畏蹙踏鮑謝跨徐庾偶然談咲
得佳篇便恐流傳成樂府陋邦一雨何足道吾君盛
德九州普中和樂職幾時作試向諸生選何武

謝郡人田賀二生獻花

城裏田員外城西賀秀才不愁家四壁自有錦千堆

珍重尤奇品艱難最後開芳心困落日薄艷戰輕雷（昨日雷雨）老守仍多病壯懷先已灰慇懃此粲者（賀獻魏花三朵）攀折為誰哉玉腕揎紅袖金罇瀉白醅何當鑷霜鬢強插滿頭迴

惜花

吉祥寺中錦千堆（錢塘花最盛處）前年賞花真盛哉道人勸我清明來腰鼓百面如春雷打徹涼州花自開沙河塘上插花回醉倒不覺吳兒咍豈知如今雙鬢催城西古寺沒蒿萊有僧閉門手自栽千枝萬葉巧翦裁就中一叢何所似馬腦盤成金縷杯而我食菜方清

齋對花不飲花應猜夜來雨雹如李梅紅殘緑暗吁可哀

和頓教授見寄用除夜韻

我笑陶淵明種秫二頃半婦言既不用還有責子歎無絃則無琴何必勞撫玩我咲劉伯倫醉髮蓬茆散二豪苦不納獨以鍤自伴既死何用埋此身同夜旦孰云二子賢自結兩重按咲人還自咲出口談治亂一生溷塵垢晚以道自盥無成空得懶坐此百事緩仄聞頓夫子講道出新貫豈無一尺書恐不記庸懦陋邦貧且病數米銖稱炭慙愧章先生十日坐空館

袖中出子詩貪讀酒屢煖狂言各須慎勿使輸薪粲

和子由四首

韓太祝送遊太山

偶作郊原十日遊未應回首厭籠囚但教塵土驅馳足終把雲山爛漫酬聞道逢春思濯錦便須到處覓菟裘恨君不上東封頂夜看金輪出九幽

送春

夢裏青春可得追欲將詩句絆餘暉酒闌病客惟思睡蜜熟黃蜂亦懶飛芍藥櫻桃俱掃地病過此二物鬢絲禪榻兩忘機憑君借取法界觀一洗人間萬事非來書

云近看此書
余未嘗見也

首夏官舍即事

安石榴花開最遲絳裙深樹出幽菲吾廬想見無限
好客子倦遊胡不歸坐上一樽雖得滿古來四事巧
相違令人却憶湖邊寺垂柳陰陰晝掩扉

送李供備席上和李詩

家聲赫奕蓋并涼也解微吟錦瑟傍擘水取魚湖起
浪引杯看劔坐生光風流別後人人憶才器歸來種
種長不用更貪窮事業風騷分付與沉湘

西齋

西齋深且明中有六尺牀病夫朝睡足危坐覺日長
昏昏既非醉踽踽亦非狂褰衣竹風下穆然中微涼
起行西園中草木含幽香榴花開一枝桑棗沃以光
鳴鳩得美蔭困立忘飛翔黃鳥亦自喜新音變圓吭
杖藜觀物化亦以觀我生萬物各得時我生日皇皇

小兒

小兒不識愁起坐牽我衣我欲嗔小兒老妻勸兒癡
兒癡君更甚不樂愁何為還坐愧此言洗盞當我前
大勝劉伶婦區區為酒錢

寄劉孝㭊

君王有意誅驕虜椎破銅山鑄銅虎聯翩三十七將
軍走馬西來各開府南山伐木作車軸東海取鼉漫
戰皷汗流奔走誰敢後恐乏軍興汙資斧保甲連村
團未遍方田訟牒紛如雨爾來手實降新書抉剔根
株窮脉縷詔書惻怛信深厚吏能淺薄空勞苦平生
學問止流俗衆裏笙竽誰比數忽令獨奏鳳將雛倉
卒欲吹那得譜況復連年苦飢饉剗齧草木啖泥土
今年雨雪頗應時又報蝗蟲生翅股憂來洗盞欲强
醉寂寞虛齋卧空甑公厨十日不生煙更望紅裙踏
筵舞故人屢寄山中信只有當歸無別語方將雀鼠

偷太倉未肯衣冠掛神武吳興丈人真得道平日立
朝非小補自從四方冠蓋鬧歸作二浙湖山主高蹤
已自雜漁鉤大隱何曾弃簪組去年相從殊未足問
道已許談其祖逝將弃官往卒業俗緣未盡那得覬
公家只在雲溪上上有白雲如白羽應憐進退苦皇
皇更把安心教初祖

孔長源挽詞二首

少年才氣冠當時晚節孤風益自奇君勝宜為夫子
後林宗不愧蔡邕碑南荒尚記誅元惡東越誰能事
細兒著舊如今幾人在為君無憾為時悲

小堰門頭柳繫舩吴山堂上月侵筵潮聲夜半千巖響詩句明朝萬口傳（長源自越過杭夜飲有美堂上聯句長源詩云天目遠隨雙鳳落海門遥覆兩潮趨一坐稱善）豈意日斜庚子後忽驚歳在巳辰年佳城一閉無窮事南望題詩淚灑牋

寄吕穆仲寺丞

孤山寺下水侵門每到先看醉墨痕楚相未亡談笑是中郎不見典刑存（杭有伶人善學吕舉措酣似别後常令作之以為笑）君先去踏塵埃陌我亦來尋桑棗村回首西湖真一夢灰心霜鬢更休論

余主簿母挽詞

閨庭蘭玉照鄉閭自昔雖貧樂有餘豈獨家人在中
餽却因麟趾識關雎雲軿忽已歸仙府喬木依然擁
舊廬忍把還鄉千斛淚一時灑向老萊裾

送趙寺丞寄陳海州

景疎樓上喚峨眉君到應先誦此詩若見孟公投轄
飲莫忘衝雪送君時

荅陳述古二首

漫說山東第二州棗林桑泊負春遊城西亦有紅千
葉人老簪花却自羞

小桃破萼未勝春羅綺叢中第一人聞道使君歸去

後舞衫歌扇總生塵陳有小妓述古稱之

張安道樂全堂

列子馭風殊不惡猶被莊生譏數數步兵飲酒中散琴於此得全非至樂樂全居士全於天維摩丈室空翛然平生痛飲今不飲無琴不獨琴無絃我公天與英雄表龍章鳳姿照魚鳥但令端委坐廟堂北狄西戎談笑了如今老去苦思歸小字親書寄我詩試問樂全全底事無全何處更求虧

張文裕挽詞

高才本出朝廷右能事空推德業餘每見便聞曹植

句至今傳寶魏華書濟南名士新凋喪斂外生祠已
絜除欲寄西風兩行淚依然喬木鄭公廬

懷西湖寄晁美叔同年

西湖天下景遊者無愚賢深淺隨所得誰能識其全
嗟我本狂直早為世所捐獨專山水樂付與寧非天
三百六十寺幽尋遂窮年所至得其妙心知口難傳
至今清夜夢耳目餘芳鮮君持使者節風采爍雲煙
清流與碧巘安肯為君妍胡不屏騎從𩬊借僧榻眠
讀我壁間詩清涼洗煩煎策杖無道路直造意所便
應逢古漁父葦間自寅緣問道若有得買魚勿論錢

和梅户曹會獵鐵溝

山西從古説三明誰信儒冠也捍城竿上鯨鯢猶未掩（近臯數盜）草中狐兔不須驚東州趙叟飲無敵南國梅仙詩有聲不向如皐閑射雉歸來何以得卿卿（是日惟梅趙不射）

祭常山回小獵

青蓋前頭點皂旗黄茅岡下出長圍弄風驕馬跑空立趁兔蒼鷹掠地飛回望白雲生翠巘歸來紅葉滿征衣　聖朝若用西涼簿白羽猶能效一揮

和章七出守湖州二首

方丈仙人出渺茫高情猶愛水雲鄉功名誰使連三捷身世何緣得兩忘早歲歸休心共在他年相見話偏長只應未報君恩重清夢時時到玉堂

絳闕雲臺總有名應須極貴又長生鼎中龍虎黄金賤松下龜蛇緑骨輕君好爐火而餌伏苓雲水未渾纓可濯弁峯初見眼應明兩巵春酒真堪羨獨占人間分外榮

和張子野見寄三絶句

前生我已到杭州到處長如到舊遊更欲洞霄為隱吏一庵閑地且相留過舊遊

狂吟跌宕無風雅醉墨淋浪不整齊應為詩人一回

顧山僧未忍掃黃涅見題壁

柏堂南畔竹如雲此閣何人是主人但遣先生披鶴氅不須更畫樂天真竹閣見憶

和蔣夔寄茶

我生百事常隨緣四方水陸無不便扁舟渡江適吴越三年飲食窮芳鮮金虀玉鱠飯炊雪海螯江柱初脱泉臨風飽食甘寢罷一甌花乳浮輕圓自從捨舟入東武沃野便到桑麻川翦毛胡羊大如馬誰記鹿角腥盤筵厨中烝粟埋飯甕大杓更平取酸生涎柘羅銅碾弃不用脂麻白土須盆研故人猶作舊眼看

謂我好尚如當年沙溪北苑强分别水脚一線爭誰
先清詩兩幅寄千里紫金百餅費萬錢吟哦烹噍兩
奇絶只恐偷乞煩封纒老妻稚子不知愛一半已入
薑鹽煎人生所遇無不可南北嗜好知誰賢死生禍
福久不擇更論甘苦爭蚩妍知君窮旅不自擇因詩
寄謝聊相鐫

荅李邦直

美人如春風著物物未知羈愁似氷雪見子先流澌
子從徐方來吏民舉熙熙扶病出見之驚我一何衰
知我久慵倦起我以新詩詩詞如醇酒盎然薰四支

徑飲不覺醉欲和先昏疲西齋有鑾帳風雨夜紛披
放懷語不擇撫掌咲脫顚别來今幾何春物已含姿
柳色日夜暗子來竟何時徐方雖云樂東山禁遊嬉
又無狂太守何以解憂思聞子有賢婦華堂詩螽斯
盍不倒囊橐賣劒買蛾眉不用教絲竹唱我新歌詞

和文與可洋川園池三十首

湖橋

朱欄畫柱照湖明白葛烏紗曳履行橋下龜魚晚無
數識君拄杖過橋聲

橫湖

貪看翠蓋擁紅粧不覺湖邊一夜霜卷却天機雲錦

段從教匹練寫秋光

書軒

雨昏石硯寒雲色風動牙籤亂葉聲庭下已生書帶

草使君疑是鄭康成

冰池

不嫌冰雪遶池看誰似詩人巧耐寒記取羲之洗硯

處碧琉璃下黑蛟蟠

竹塢

晚節先生道轉孤歲寒惟有竹相娱麤才杜牧真堪

咲喚作軍中十萬夫

荻浦

雨折霜乾不耐秋白花黃葉使人愁月明小艇湖邊宿便是江南鸚鵡洲

蓼嶼

秋歸南浦蟪蛄鳴霜落橫湖沙水清卧雨幽花無限思抱叢寒蝶不勝情

望雲樓

陰晴朝暮幾回新已向虛空付此身出本無心歸亦好白雲還似望雲人

天漢臺

漾水東流舊見經銀潢左界上通靈此臺試向天文覓閣道中間第幾星

待月臺

月與高人本有期挂簷低戶映蛾眉只從昨夜十分滿漸覺冰輪出海遲

二樂榭

此間真趣豈容談二樂并君已是三仁智更煩訶妄見坐令魯叟作瞿曇（來詩云二見因妄生）

灙泉亭

聞道池亭勝兩川應須爛醉荅雲煙勸君多揀長腰
米消破亭中萬斛泉

吏隱亭

縱横憂患滿人間頗怪先生日日閑昨夜清風眠北
牖朝來爽氣在西山

霜筠亭

解籜新篁不自持嬋娟已有歲寒姿要看凛凛霜前
意須待秋風粉落時

無言亭

慇懃稽首維摩詰敢問如何是法門彈指未終千偈

了向人還道本無言

露香亭

亭下佳人錦繡衣滿身瓔珞綴明璣晚香消歇無尋處花已飄零露已晞

函虛亭

水軒花榭兩爭妍秋月春風各自偏惟有此亭無一物坐觀萬景得天全

溪光亭

決去湖波尚有情却随初日動簷楹溪光自古無人畫憑仗新詩與寫成

過溪亭

身輕步穩去忘歸四柱亭前野彴微忽悟過溪還一笑水禽驚落翠毛衣

被錦亭

煙紅露綠曉風香燕舞鶯啼春日長誰道使君貧且老繡屛錦帳咽笙簧

禊亭

曲池流水細鱗鱗高會傳觴似洛濱紅粉翠蛾應不要畫船來往勝於人

菡萏亭

日日移床趂下風清香不盡思何窮若為化作龜千歲巢向田田亂葉中

茶蘼洞

長憶故山寒食夜野荼蘼發暗香來分無素手簪羅髻且折霜蕤浸玉醅（長憶故山一作半晴半雨）

篔簹谷

漢川脩竹賤如蓬斤斧何曾赦籜龍料得清貧饞太守渭濵千畝在胸中

寒蘆港

溶溶晴港漾春暉蘆笋生時柳絮飛還有江南風物

否桃花流水鱍魚肥

野人廬

少年辛苦事犂鉏剛厭青山遶故居老覺華堂無意味却須時到野人廬

此君庵

寄語庵前抱節君與君到處合相親寫真雖是文夫子我亦真堂作記人

金橙徑

金橙縱復里人知不見鱸魚價自低須是松江煙雨裏小舩燒薤擣香虀

南園

不種夭桃與緑楊使君應欲佚農桑春畦雨過羅紈膩夏壠風來餅餌香

北園

漢水巴山樂有餘一麾從此首歸塗北園草木憑君問許我他年作主無

寄題刁景純藏春塢

白首歸來種萬松待看千尺舞霜風年抛造物陶甄外春在先生杖屨中楊柳長齊低戶暗櫻桃爛熟滴堦紅何時却與徐元直共訪襄陽龐德公

玉盤盂二首 并序

東武舊俗每歲四月大會于南禪資福兩寺以芍藥供佛而今歲最盛凡七千餘朶皆重樹累萼繁麗豐碩中有白花正圓如覆盂其下十餘葉稍大承之如盤姿格絶異獨出於七千朶之上云得之於城北蘇氏園中周宰相莒公之别業也而其名俚甚乃爲易之

雜花狼籍占春餘芍藥開時掃地無兩寺粧成寶纓絡一枝爭看玉盤盂佳名會作新䌓曲絶品難尋舊畫圖從此定知年穀熟姑山親見雪肌膚

花不能言意可知令君痛飲更無疑但持白酒勸嘉客直待瓊舟覆玉彝負郭相君初擇地看羊屬國首吟詩吾家豈與花相厚更問殘芳有幾枝

和潞公超然臺次韻

我公厭富貴常苦勳業尋相期赤松子永望白雲岑清風出談笑萬竅為號吟吟成超然詩洗我蓬之心嗟我本何人麋鹿强冠襟身微空志大交淺屢言深囑公如得謝呼我幸寄音但恐酒錢盡煩公揮橐金

聞喬太博換左藏知欽州以詩招飲

今年果起故將軍幽夢清詩信有神馬革裹尸真細

事虎頭食肉更何人陣雲吟壓黄茆瘴羽扇斜揮白葛巾痛飲從今有幾日西軒月色夜來新

喬將行烹鵝庶出刀斂以飲客以詩戲之

破匣哀鳴出素虬倦看鶂鶂聽呺呺明朝只恐兼烹鶴此去還須却佩牛便可先呼報恩子不妨仍帶醉鄉侯他年萬騎歸應好柰有移文在故丘

次韻劉貢父李公擇見寄二首

白髮相望兩故人眼看時事幾番新曲無和者應思郢論少卑之且借秦歲惡詩人無好語公擇來詩皆道失中飢苦之狀夜長鰥守向誰親貢父近喪偶少思多睡無如我鼻息

雷鳴撼四鄰

何人勸我此間來絃管生衣甑有埃渌蟻濡脣無百斛蝗蟲撲面已三回磨刀入谷追窮寇洒涕循城拾弃孩為郡鮮歡君莫歎猶勝塵土走章臺

寄黎眉州

膠西高處望西川應在孤雲落照邊瓦屋寒堆春後雪峨眉翠掃雨餘天治經方笑春秋學好士今無六一賢（君以春秋受知於歐陽文忠公公自號六一居士）且待淵明賦歸去共將詩酒趁流年

和趙郎中捕蝗見寄次韻

麥毯人許長穀苗牛可没天公獨何意忍使蝗蟲發
驅攘著令典農事安可忽我僕既胼胝我馬亦款矻
飛騰漸云少筋力亦已竭苟無百篇詩何以醒睡兀
初如蹤昳澮漸若決瀣渤往來供十吏腕脫不容歇
平生輕妄庸熟視笑魏勃愛君有逸氣詩壇專斬伐
民病何時休吏職不可越慎無及世事向空書咄咄

登常山絶頂廣麗亭

西望穆陵關東望琅邪臺南望九仙山北望空飛埃
相將呌虞舜遂欲歸蓬萊嗟我二三子狂飲亦荒哉
紅裙欲仙去長笛有餘哀清歌入雲霄妙舞纖腰回

自從有此山白石封蒼苔何嘗有此樂將去復徘徊
人生如朝露白髮日夜催弃置當何言萬劫終飛灰

薄薄酒二首 并序

膠西先生趙明initial对家貧好飲不擇酒而醉常云薄薄酒勝茶湯醜醜婦勝空房其言雖俚而近乎達故推而廣之以補東州之樂府既又以為未也復自和一篇聊以發覽者之一噱云耳

薄薄酒勝茶湯麤麤布勝無裳醜妻惡妾勝空房五更待漏靴滿霜不如三伏日高睡足北窓涼珠襦玉柙萬人祖送歸北邙不如懸鶉百結獨坐負朝陽生

前富貴死後文章百年瞬息萬世忙夷齊盜蹠俱亡
羊不如眼前一醉是非憂樂都兩忘
薄薄酒飲兩鍾麤麤布著兩重美惡雖異醉暖同醜
妻惡妾壽乃公隱居求志義之從本不計較東華塵
土北窓風百年雖長要有終富死未必輸生窮但恐
珠玉留君容千載不朽遭樊崇文章自足欺盲聾誰
使一朝富貴面發紅達人自達酒何功世間是非憂
樂本來空

同年王中甫挽詞

先帝親收十五人四方爭看擊鵬鯤如君才業真堪

用顧我衰遲不足論出處陞沉十年後死生契闊幾人存他時京口尋遺迹宿草猶應有淚痕仁宗朝賢良十五人今惟富鄭公張宣猷錢純老及余與舍弟在耳

七月五日二首

避謗詩尋醫畏病酒入務蕭條北窓下長日誰與度今年苦炎熱草木困薰煮況我早衰人幽居氣如縷秋來有佳興秫稻已含露還復此微吟徃和糟床注

何處覓新秋蕭然北臺上秋來未云幾風日已清亮雲間聳孤翠林表浮遠漲新棗漸堪剝晚瓜猶可餉西風送落日萬竅含悽悵念當急行樂白髮不汝放

趙郎中見和戲復荅之

趙子吟詩如潑水，一揮三百八十字。奈何效我欲尋醫，恰似西施藏白地。趙子飲酒如淋灰，一年十萬八千杯。若不令君早入務，飲竭東海生黃埃。我衰臨政多繆錯，羨君精采如秋鶚。頗哀老子今日飲，為君坐嘯主畫諾。

次韻周邠寄鴈蕩山圖二首

指點先憑採藥翁，丹青化出大槐宮。眼明小閣浮煙翠，齒冷新詩嚼雪風。二華行觀雄陜右，九仙今已壓京東。將赴河中，寄迹太華九仙在東武，奇秀不減鴈蕩也。此生的有尋山分，已

覺溫台落手中

西湖三載與君同，馬入塵埃鶴入籠。東海獨來看出日，石橋先去踏長虹。遥知別後添華髮，時向樽前説病翁。所恨蜀山君未見，他年携手醉郫筒。

送碧香酒與趙明叔教授

聞君有婦賢且廉，勸君慎勿爲楚相。不羨紫駞分御食，自遣赤脚沽村釀。嗟君老狂不知愧，更吟醜婦惡嘲謗。諸生聞語定失笑，冬暖號寒卧無帳。碧香近出帝子家，鵝兒破殻酥流盎。不學劉伶獨自飲，一壺往助齊眉餉。

趙既見和復次韻荅之

長安小吏天所放日夜歌呼和丞相豈知後世有阿瞞（曾公自言參之後）北海樽前捉私醸先生未出禁酒國詩語孤高常近謗幾回無酒欲沽君却畏有司書簿帳（近制公使酒過■法甚重）酸寒可笑分一斗日飲如何足衣盎更將險語壓衰翁只恐自是臺無餉

趙郎中往莒縣逾月而歸復以一壺遺之

仍用元韻

東隣主人遊不歸悲歌夜夜聞舂相門前人鬧馬嘶急一家喜氣如春釀王事何曾怨獨賢室人豈忍交

譴謗大兒跟蹡越門限小兒咿啞語繡帳定教舞袖
掣伊涼更想夜庖鳴甕盎題詩送酒君勿誚免使退
之嘲一餉

蘇潛聖挽詞

妙齡馳譽百夫雄晚節忘懷大隱中悃愊無華真漢
吏文章爾雅稱吾宗趨時肯負平生志有子還應不
死同惟我閑思十年事數行老淚寄西風

東坡集卷第八

詩七十二首

和晁同年九日見寄

仰看鸞鵠刺天飛富貴功名老不思病馬已無千里志騷人長負一秋悲古來重九皆如此别後西湖付與誰遣子窮愁天有意吴中山水要清詩

送喬施州

恨無負郭田二頃空有載行書五車江上青山横絶壁雲間細路躡飛蛇雞號黑暗通蠻貨胡人謂犀爲黑暗蜂鬧黄連採蜜花共怪河南門下客不應萬里向長沙

喬受知於吳丞相而施州風土大類長沙

夜雪獨宿柏仙庵

晚雨纖纖變玉霙小庵高臥有餘清夢驚忽有穿窗片夜靜惟聞瀉竹聲稍壓冬溫聊得健未濡秋旱若為耕天公用意真難會又作春風爛漫晴

和孔郎中荊林馬上見寄

秋禾不滿眼宿麥種亦稀永愧此邦人芒刺在膚肌平生五千卷一字不救饑方將怨無襦忽復歌緇衣堂堂孔北海直氣凜群兒朱輪未及郊清風已先馳何以累君子十萬貧與羸滔滔滿四方我行竟安之

何時劒關路春山聞子規

留别雩泉

舉酒屬雩泉白髮日夜新何時泉中天復照泉上人二年飲泉水魚鳥亦相親還將弄泉手遮日向西秦

留别釋迦院牡丹呈趙倅

春風小院却來時壁間惟見使君詩應問使君何處去憑花說與春風知年年歲歲何窮已花似今年人老矣去年崔護若重來前度劉郎在千里

董儲郎中甞知眉州與先人遊過安丘訪其故居見其子希甫留詩屋壁

白髮郎潛舊使君至今人道最能文隻雞敢忘橋公
語下馬來尋董相墳冬月負薪雖得免隣人吹笛不
堪聞死生契闊君休問灑淚西南向白雲

劉貢父見余歌詞數首以詩見戲聊次其
韻

十載漂然未可期那堪重作看花詩門前惡語誰傳
去醉後狂歌自不知刺舌君今猶未戒炙眉我亦更
何詞相從痛飲無餘事正是春容最好時

除夜大雪留濰州元日早晴遂行中塗雪
復作

除夜雪相留元日晴相送東風吹宿酒瘦馬兀殘夢
葱曨曉光開放轉餘花弄下馬成野酌佳哉誰與共
須臾晚雲合亂灑無缺空鵝毛垂馬鬉自怪騎白鳳
三年東方旱逃戶連歉棟老農釋耒歎淚入飢腸痛
春雪雖云晚春麥猶可種敢怨行役勞助爾歌飯甕

大雪青州道上有懷東武園亭寄交代孔

周翰

超然臺上雪城郭山川兩奇絶海風吹碎碧琉璃時
見三山白銀闕蓋公堂前雪綠窓朱戶相明滅堂中
美人雪爭妍粲然一笑玉齒頰就中山堂雪更奇青

松恠石亂瓊絲惟有使君遊不歸五更上馬愁斂眉

君不是淮西李侍中夜入蔡州縛取吴元濟又不是

襄陽孟浩然長安道上騎驢吟雪詩何當閉門飲美

酒無人毁譽河東守

至濟南李公擇以詩相迎次其韻二首

弊裘羸馬古河濱野闊天低糝玉塵自笑飡氈典屬

國來看换酒謫仙人宦遊到處身如寄農事何時手

自親剩作新詩與君和莫因風雨廢鳴晨

夜擁笙歌霅水濱回頭樂事總成塵今年送汝作太

守到處逢君是主人聚散細思都是夢身名漸覺兩

非親相從繼燭何煩問蝙蝠飛時日正晨

和孔君亮郎中見贈

偶對先生盡一樽醉看萬物沁崩奔優遊共我聊卒歲骯髒如君合倚門只恐掉頭難久住應須傾蓋便深論固知嚴勝風流在又見長身十世孫戣字君嚴戡字君勝退之志其墓云孔子世三十八吾見其孫白而長身今君亮四十八世矣

送范景仁遊洛中

小人真闇事閑退豈公難道大吾何病言深聽者寒憂時雖早白住世有還丹得酒相逢樂無心所遇安去年行萬里蜀路走千盤投老身彌健登山意未闌

西遊為櫻筍東道盡鵷鸞杖屨携兒去園亭借客看折花斑竹寺弄水石樓灘鸂鸘馬哀憐白鷺雷怯笑韓蘚書標洞府歐陽永叔嘗遊嵩山日莫於絶壁上見苔蘚成文云神清之洞明日復尋不見松蓋偃天壇試與劉夫子重尋靖長官劉几云曾見人嵩山幽絶處眼光如猫意其為靖長官也

次韻景仁留別

公老我亦衰相見恨不數臨行一盃酒此意重山岳歌詞白紵清琴弄黃鍾濁詩新眇難和飲少僅可學欲參兵部選有力誰如犖且作東諸侯山城雄鼓角南遊許過我不憚千里邈會當聞公來倒屣髮一握

書韓幹牧馬圖

南山之下汧渭之間想見開元天寶年八坊分屯隘秦川四十萬匹如雲煙騅駓駰駱驪騮騵白魚赤兔騂皇䮀龍顱鳳頸獰且妍奇姿逸德隱駑頑碧眼胡兒手足鮮歲時翦刷供帝閑柘袍臨池侍三千紅妝照日光流淵樓下玉螭吐清寒往來蹙踏生飛湍衆工舐筆和朱鉛先生曹霸弟子韓廐馬多肉尻脽圓肉中畫骨誇尤難金羈玉勒繡羅鞍鞭箠刻烙傷天全不如此圖近自然平沙細草荒芊綿驚鴻脫兔爭後先王良挾策飛上天何必俯首服短轅

送魯元翰少卿知衛州

冗士無處著，寄身范公園。桃花忽成陰，薺麥秀已繁。
閉門春晝永，惟有黃蜂喧。誰人肯携酒，共醉榆柳村。
髯卿獨何者，一月三到門。我不往拜之，髯來意彌敦。
堂堂元老後，亹亹仁人言。憶在錢塘歲，情好均弟昆。
時於冰雪中，笑語作春溫。欲飲徑相覓，夜開叢竹軒。
搜尋到篋笥，鮓醢無復存。每愧煙火中，玉腕親炮燔。
別來今幾何，相對如夢魂。告我當北渡，新詩侑清樽。
坡陁太行麓，洶涌黃河翻。仕宦非不遇，王畿西北垣。
斯民如魚耳，見網則驚奔。皎皎千丈清，不如尺水渾。

刑政雖首務念當養其源一聞襦袴音盜賊安足論

次韻子由送蔣夔赴代州學官

功利爭先變法初典刑獨守老成餘窮人未信詩能爾倚市懸知繡不如代北諸生漸狂簡床頭雜說為爬梳歸來問雁吾何敢疾世王符解著書

和李邦直沂山祈雨有應

高田生黃埃下田生蒼耳蒼耳亦已無更問麥有幾蛟龍睡足亦解慙二麥枯時雨如洗不知雨從何處來但聞昌梁百步聲如雷試上城南望城北際天菽粟青成堆飢火燒腸作牛吼不知待得秋成否半年

不雨坐龍慵共怨天公不怨龍今朝一雨聊自贖龍神社鬼各言功無功日盜太倉穀嗟我與龍同此責勸農使者不汝容因君作詩先自劾

宿州次韻劉涇

我欲歸休瑟漸希舞雩何日著春衣多情白髮三千丈無用蒼皮四十圍晚覺文章真小技早知富貴有危機為君垂涕君知否千古華亭鶴自飛涇之兄汴亦有文死矣

和孔密州五絶

見邸家園留題

大㫵傳聞載酒過小詩未忍著塼磨陽關三疊君須
秘除却膠西不解歌城之句來詩有渭

春步西園見寄

歲歲開園成故事年年行樂不辜春今年太守尤難
繼慈愛聰明惠利人

東欄梨花

梨花淡白柳深青柳絮飛時花滿城惆悵東欄二株
雪人生看得幾清明

和流杯石上草書小詩

蜂腰鶴膝嘲希逸春蚓秋蛇病子雲醉裏自書醒自

笑如今二絶更逢君

堂後白牡丹

城西千葉豈不好笑舞春風醉臉丹何似後堂冰玉潔遊蜂非意不相干孔頰有聲伎而客無見者

和趙郎中見戲趙以徐伎不如東武詩中見戲云只有當時燕子樓

燕子人亡三百秋卷簾那復似揚州西行未必能勝此空唱崔徽上白樓

又

我擊藤床君唱歌明年六十奈君何醉顛只要裝風景莫向人前自洗磨趙每醉歌畢輒曰明年六十矣

和子由與顔長道同遊百步洪相地築亭

種柳

平明坐衙不暖席歸來閉閤閑終日卧聞客至倒屣迎兩眼蒙籠餘睡色城東泗水步可到路轉河洪翻雪白安得青絲絡駿馬蹙踏飛波柳陰下奮身三丈兩蹄間振鬣長鳴身自乾少年狂興久已謝但憶嘉陵遶劔關劔關大道車方軌君自不去歸何難山中故人應大笑築室種柳何時還

次韻李邦直感舊

騶騎傳呼出跨坊簿書填委入充堂誰教案部如何

武只許清樽對孟光婉娩有時來入夢温柔何日聽
還鄉酸寒病守尤堪笑千步空餘僕射場

與梁先舒煥泛舟得臨釀字二首

彭城古戰國孤客勸登臨汴泗交流處清潭百丈深
故人輕千里足蠒來相尋何以娛佳客潭水洗君心
老守厭簿書先生罷函丈風流魏晉間談笑羲皇上
河洪忽已過水色添可釀君毋輕此樂此樂清且放

次韻荅邦直子由四首

簿書顛倒夢魂間知我疎慵肯見原閑作閉門僧舍
冷病聞吹枕海濤喧忘懷杯酒逢人共引睡文書信

手翻欲吐狂言喙三尺怕君瞋我却須吞邦直屢以此見戒
城南短李好交遊箕踞狂歌總自由尊主庇民君有
道樂天知命我無憂醉呼妙舞留連夜閑作清詩斷
送秋蕭灑使君殊不俗罇前容我攬須不
老弟東來殊寂寞故人留飲慰酸寒草荒城角開新
徑雨入河洪失舊灘車馬追陪迹未掃唱酬往復字
應漫此詩更欲憑君改待與江南子布看
君雖為我此遲留別後淒涼我已憂不見便同千里
遠退歸終作十年遊恨無楊子一區宅懶卧元龍百
尺樓聞道鵷鴻滿臺閣網羅應不到沙鷗

司馬君實獨樂園

青山在屋上流水在屋下中有五畝園花竹秀而野
花香襲杖屨竹色侵盞斝樽酒樂餘春棊局消長夏
洛陽古多士風俗猶爾雅先生卧不出冠蓋傾洛社
雖云與衆樂中有獨樂者才全德不形所貴知我寡
先生獨何事四海望陶冶兒童誦君實走卒知司馬
持此欲安歸造物不我捨名聲逐吾輩此病天所赭
撫掌笑先生年來效瘖啞

送顔復兼寄王鞏

彭城官居冷如水誰從我遊顔氏子我衰且病君亦

窮衰窮相守正其理胡為一朝捨我去輕衫觸熱行千里問君無乃求之歟荅我不然聊爾耳京師萬事日日新故人如故今有幾君知牛行相君宅扣門但覓王居士清詩草聖俱入妙别後寄我書連紙苦恨相思不相見約我重陽嗅霜蕊君歸可嗅與俱來未應指目妨進擬太一老仙閑不出（張安道為太一宮使）踵門問道今時矣因行過我路幾何願君推挽加鞭箠吾儕一醉豈易得買羊釀酒從今始

蠍虎

黄雞啄蠍如啄黍窓間守宫稱蠍虎闇中繳尾伺飛

蟲巧捷功夫在腰膂跂跂脉脉善緣壁陋質從來誰
比數今年歲旱號蜥蜴狂走兒童鬧歌舞能銜渠水
作冰雹便向蛟龍覓雲雨守宫努力搏蒼蠅明年歲
旱當求汝

轍幼從子瞻兄讀書未嘗一日相舍既壯
將遊宦四方讀韋蘇州詩有云那知風雨
夜復此對床眠惻然感之乃相約早退為
閑居之樂故子瞻始為鳳翔幕官留詩與
轍曰夜雨何時聽蕭瑟其後子瞻通守餘
杭復移守膠西而轍滯留於淮陽濟南不

見者七年熙寧十年二月始復會於澶濮之間相從彭城留百餘日時宿於逍遥堂

追感前約作二小詩

逍遥堂後千尋木長送中宵風雨聲悞喜對床尋舊約不知漂泊在彭城

秋來東閣涼如水客去山公醉似泥困臥北窓呼不醒風吹松竹雨淒淒

子由將赴南都與余會宿於逍遥堂作兩絶句讀之殆不可為懷因和其詩以自解

余觀子由自少曠達天資近道又得至人

養生長年之訣而余亦竊聞其一二以為
今者宦遊相别之日淺而異時退休相從
之日長既以自解且以慰子由云
别期漸近不堪聞風雨蕭蕭已斷魂猶勝相逢不相
識形容變盡語音存
但令朱雀長金花此别還同一轉車五百年間誰復
在會看銅狄兩咨嗟
留題石經院三首
蔥蒨門前路行穿翠密中却來堂上看巖谷意無窮
夭矯庭中檜枯枝鵲踏消瘦皮纏鶴骨高頂轉龍腰

窈窕山頭井潛通伏澗清欲知深幾許聽放轆轤聲

過雲龍山人張天驥

郊原雨初足風日清且好病守亦欣然肩輿白門道
荒田咽蛩蚓村巷懸梨棗下有幽人居閉門空雀噪
西風高正厲落葉紛可掃孫僮卧斜日病馬放秋草
墟里通有無垣墻任摧倒君家本冠蓋絲竹鬧鄰保
脱身聲利中道德自濯澡躬耕抱羸疾奉養百歲老
詩書膏吻頰蔬水媚翁媼飢寒天隨子杞菊自擷芼
慈孝董邵南雞狗相乳抱吾生如寄耳歸計失不早
故山豈敢忘但恐迫華皓從君學種秫斗酒時相勞

贈王仲素寺丞 名景純

養氣如養兒弃官如弃涅人皆笑子拙事定竟誰迷
歸耕獨患貧問子何所齎尺宅足自庇寸田有餘畦
明珠照短褐陋室生虹霓雖無孔方兄顧有法喜妻
彈琴一長嘯不荅阮與嵇曹南劉夫子名與子政齊
家有鴻寶書不鑄金褭蹏促膝問道要遂蒙分刀圭
不忍獨不死尺書肯見梯我生本强鄙少以氣自擠
孤舟倒江河赤手攬象犀年來稍自笑留氣下暖臍
苦恨聞道晚意象颯已凄空見孫思邈區區賦病梨

陽關詞三首

受降城下紫髯郎戲馬臺南古戰場恨君不取契丹
首金甲牙旗歸故鄉

右贈張繼愿

濟南春好雪初晴行到龍山馬足輕使君莫忘霅溪
女時作陽關腸斷聲

右荅李公擇

暮雲收盡溢清寒銀漢無聲轉玉盤此生此夜不長
好明月明年何處看

右中秋月

和孔周翰二絕

再觀邸園留題

小園香霧曉蒙籠醉手狂詞未必工魯叟錄詩應有

取曲收彤管邶鄘風

觀淨觀堂效韋蘇州詩

弱羽巢林在一枝幽人蝸舍兩相宜樂天長短三千

首却愛韋郎五字詩

京師哭任遵聖

十年不還鄉兒女日夜長豈惟催老大漸復成凋喪

每聞耆舊亡涕泫聲輒放老任況奇逸先子推輩行

文章小得譽詩語尤清壯吏能復所長談笑萬夫上

自喜作劇縣偏工破豪黨奮髯走猾吏嚼齒對姦將
哀哉命不偶每以才得謗竟使落窮山青衫就黄壤
宦遊久不樂江海永相望退耕本就君時節相勞餉
此懷今不遂歸見纍纍葬望哭國西門落日銜千嶂
平生惟一子抱負珠在掌見之齠齔中已有食牛量
他年如入洛生死一相訪惟有王濬沖心知中散狀

荅任師中家漢公

先君昔未仕杜門皇祐初道德無貧賤風采照鄉閭
何嘗踈小人小人自闊踈出門無所詣老史在郊墟
門前萬竿竹堂上四庫書高樹紅消梨小池白芙蕖

常呼赤脚婢雨中擷園蔬嬌嬌任夫子罷官還舊廬
是時里中兒始識長者車烹雞酌白酒相對歡有餘
有如龐德公往還葛與徐妻子走堂下主人竟誰歟
我時年尚幼作賦慕相如侍立看君談精悍實起予
歲月曾幾何耆老逝不居史侯最先沒孤墳拱桑樗
我亦涉萬里清血滿襟袪漂流二十年始悟萬緣虛
獨喜任夫子老佩刺史魚威行烏白蠻解辮請冠裾
方當入奏事清廟陳璠璵胡爲厭軒冕歸意不少紓
上蔡有良田黄沙走清渠罷亞百頃稻雍容十年儲
閑隨李丞相搏射鹿與猪蒼鷹十斤重猛犬如黄驢

豈比陶淵明窮苦自把鋤我今四十二衰髮不滿梳彭城古名郡乏人偶見除頭顱已可知幾何不樵漁會當相從去芒鞋老菑畬念子瘴江邊懷抱向誰攄賴我同年友相歡出同輿冰盤薦文鮪（鮪鮥也戎瀘常有）王學傾浮蛆醉中忽思我清詩綴瓊琚知我少所諧教我時卷舒世事日反覆翩如風中旟雀羅弔廷尉秋扇悲婕妤升沉一何速喜怒紛衆狙作詩謝二子我師寗與蘧

初别子由

我少知子由天資和而清好學老益堅表裏漸融明

豈獨爲吾弟要是賢友生不見六七年微言誰與賡
常恐坦率性放縱不自程會合亦何事無言對空枰
使人之意消不善無由萌森然有六女色裹布與荊
無憂賴賢婦藜藿等大烹使子得行意青衫陋公卿
明日無晨炊倒床作雷鳴秋眠我東閣夜聽風雨聲
懸知不久别妙理重細評昨日忽出門孤舟轉西城
歸來北堂上古屋空崢嶸退食悮相從入門中自驚
南都信繁會人事水火爭念當閉閤坐頽然寄聾盲
妻子亦細事文章固虚名會須掃白髮不復用黄精

次韻吕梁仲屯田

雨葉風花日夜稀一杯相屬竟何時空虛豈敢酬瓊
玉枯朽猶能出菌芝門外吕梁從迅急胸中雲夢自
逶遲待君筆力追靈運莫負南臺九日期

章質夫寄惠崔徽真

玉釵半脫雲垂耳亭亭芙蓉在秋水當時薄命一酸
辛千古華堂奉君子水邊何處無麗人近前試看丞
相嗔不如丹青不解語世間言語元非真知君被惱
更愁絕卷贈老夫驚老拙為君援筆賦梅花未害廣
平心似鐵

王鞏屢約重九見訪既而不至以詩送將

官梁交且見寄次韻荅之交頗文雅不類

武人家有侍者甚惠麗

知君月下見傾城破恨懸知酒有兵老守無何惟日

飲將軍競病自詩鳴花枝不共秋歒帽筆陣空來夜

斫營愛惜微官將底用他年只好寫銘旌

臺頭寺雨中送李邦直赴史館分韻得憶

字人字無寄孫巨源二首

霜林日夜西風急老送君歸百憂集清歌窈眇入行

雲雲為不行天為泣紅葉黄花秋正亂白魚紫蟹君

須憶憑君説向髯將軍衰鬢相逢應不識

珥筆西歸近紫宸太平典册不緣麟付君此事寧論晉載我當時舊過秦門外想無千斛米墓中知有百年人看君兩眼明如鏡休把春秋坐素臣

代書荅梁先

此身與世真悠悠蒼顏華髮誰汝留强名太守古徐州忘歸不如楚沐猴魯人豈獨不知丘藉蹸夫子無罪尤異哉梁子清而脩不遠千里從我遊瞭然正色懸雙眸世之所馳子獨不一經通明傳節侯小楷精絕規摹歐（梁生學歐陽公書）我衰廢學懶且婾畏見問事貫長頭別來紅葉黃花秋夜夢見之起坐愁遺我駁石

盆與甌黒質白章聲琳球謂言山石生澗溝追琢尚
可王公羞慼子佳意能無酬反將木瓜報珍投學如
富賈在慱收仰取俯拾無遺籌道大如天不可求僑
其可見致其幽願子篤實慎勿浮發憤忘食樂忘憂

九日邀仲屯田為大水所隔以詩見寄次

其韻

無復龍山對孟嘉西來河伯意雄夸霜風可使吹黄
帽舟人黄帽土勝水也尊酒那能泛浪花漫遣鯉魚傳尺素却
將燕石報瓊華何時得見悲秋老醉裏題詩字半斜

河復并敘

熙寧十年秋河決澶淵注鉅野入淮泗自澶魏以北皆絶流而齊楚大被其害彭門城下水二丈八尺七十餘日不退吏民疲於守禦十月十三日澶州大風終日既止而河流一枝已復故道聞之喜甚庶幾可塞乎乃作河復詩歌之道路以致民願而迎神休蓋守土者之志也

君不見西漢元光元封間河決瓠子二十年鉅野東傾淮泗滿楚人恣食黃河鱣萬里沙回封禪罷初遣越巫沉白馬河公未許人力窮薪芻萬計隨流下吾君仁聖如帝堯百神受職河神驕帝遣風師下約束

北流夜起澶州橋東風吹凍收微淥神功不用淇園竹楚人種麥滿河淤仰看浮槎棲古木

韓幹馬十四疋

二馬並驅攢八蹄二馬宛頸騣尾齊一馬任前雙舉後一馬却避長鳴嘶老髯奚官騎且顧前身作馬通馬語後有八匹飲且行微流赴吻若有聲前者既濟出林鶴後者欲涉鶴俛啄最後一匹馬中龍不嘶不動尾摇風韓生畫馬真是馬蘇子作詩如見畫世無伯樂亦無韓此詩此畫誰當看

有言郡東北荆山下可以溝畎積水因與

吴正字王戸曹同往相視以地多亂石不
果還遊聖女山山有石室如墓而無棺槨
或云宋司馬桓魋墓二子有詩次其韻二
首

側手區區未易遮奔流一瞬卷千家共疑智伯初圍
趙猶有張湯欲漕斜已坐迂踈來此地分將勞苦送
生涯使君下策真堪笑隱隱驚雷響踏車
茫茫清泗遶孤岑歸路相將得𨈆臨試著芒鞋穿犖
确更然松炬照幽深縱令司馬能鑱石柰有中郎解
摸金强寫蒼崖留歳月他年誰識此時心

贈馮　御衣妙善師

憶昔射策干　先皇珠簾翠幄分兩廂紫衣中使下傳詔跪捧再拜開天香仰觀眩晃目生暈但見曉色開扶桑迎陽晚出步就坐絳紗玉斧光照廊野人不識日月角髯鼻尚記重瞳光三年歸來真一夢橋山松檜淒風霜天含玉色誰敢畫老師古寺晝閉房夢中神授心有得覺來信手筆已忘幅巾常帶儼不動孤臣入門涕自滂元老俯坐須眉古虎臣立侍冠劍長平生價爲龍鳳賓肯顧尊閑猿瓢盧都人踏破鐵門限黃金白璧空推牀爾來摹寫亦到我請是先

帝白髮郎不須覽鏡坐自了明年乞身歸故鄉

哭刁景純

讀書想前輩每恨生不早紛紛少年場猶得見此老此老如松柏不受霜雪槁直從毫末中自養到合抱宏材乏近用千歲自枯倒文章餘正始風節貫華皓平生為人耳自為薄如縞是非雖難齊反覆看愈好前年旅吴越把酒慶壽考扣門無晨夜百過迹未掃但知從德公未省厭丘嫂別時公八十後會知難保昨日故人書連年喪公媪景純妻先亡傷心范橋水漾漾舞寒藻華堂不見人瘦馬空戀阜我欲江東去匏樽

酌行潦鏡湖無賀監慟哭稽山道忍見萬松岡荒池
没秋草

荅呂梁仲屯田

亂山合沓圍彭門官居獨在懸水村（呂梁地名）居民蕭條
雜麋鹿小市冷落無雞豚黄河西來初不覺但訝清
泗流奔渾夜聞沙岸鳴甕盎曉看雪浪浮鵬鯤呂梁
自古喉吻地萬頃一抹何由吞坐觀入市卷閭井吏
民走盡餘王尊計窮路斷欲安適吟詩破屋愁鳶蹲
歲寒霜重水歸壑但見屋瓦留沙痕入城相對如夢
寐我亦僅免為魚黿旋呼歌舞雜詼笑不惜飲釂空

缾盆念君官舍冰雪冷新詩美酒聊相溫人生如寄何不樂任使絳蠟燒黃昏宣房未築淮泗滿故道堙滅瘡痍存明年勞苦應更甚我當畚鍤先黥髠付君萬指伐頑石千鎚雷動蒼山根高城如鐵洪口快談笑却掃看崩奔農夫掉臂免狼顧秋穀布野如雲屯還須更置軟脚酒為君擊鼓行金樽

張寺丞益齋

張子作齋舍而以益為名吾聞之夫子求益非速成譬如遠遊客日夜事征行今年適燕薊明年走蠻荆東觀盡滄海西涉渭與涇歸來閉戶坐八方在軒庭

又如學醫人識病由飽更風雨晦明淫跛躄瘖聾盲
虚實在其脉靜躁在其情榮枯在其色壽夭在其形
茍能閱千人望見知死生為學務日益此言當自程
為道貴日損此理在既盈願君書此詩以為益齋銘

荅孔周翰求書與詩

身閑曷不長閉口天寒正好深藏手吟詩寫字有底
忙未脫多生宿塵垢不蒙譏訶子厚疾反更刻畫無
鹽醜征西自有家雞肥太白應驚飯山瘦與君相從
知幾日東風待得花開否撥弃萬事勿復談百觚之
後那詞酒

送李公恕赴　闕

君才有如切玉刀見之凜凜寒生毛願隨壯士斬蛟蜃不願腰間纏錦條用違其才志不展坐與胥史同疲勞忽然眉上有黃氣　吾君漸欲收英髦立談左右俱動色一語徑破千言牢我頃分符在東武脱略萬事惟嬉遨盡壞屏障通內外仍呼騎曹為馬曹君為使者見不問反更對飲持雙螯酒酣箕坐語驚衆雜以嘲諷窮詩騷世上小兒多忌諱獨能容我真賢豪為我買田臨汶水逝將歸去誅蓬蒿安能終老塵土下俯仰随人如桔槔

東坡集卷第八